THÉATRE-LYRIQUE

LES AMOURS DU DIABLE

OPÉRA-FÉERIE EN QUATRE ACTES, NEUF TABLEAUX

Paroles de M. de SAINT-GEORGES

MUSIQUE DE M. ALBERT GRISAR

MISE EN SCÈNE DE MM. GRIGNON ET ARSÈNE

Divertissements de M. LEROUGE

Représenté pour la première fois, à Paris, sur le THÉATRE-LYRIQUE, le 13 mars 1853.

PRIX : 1 FRANC

Paris

BECK, LIBRAIRE, RUE DES GRANDS-AUGUSTINS, 3

1859

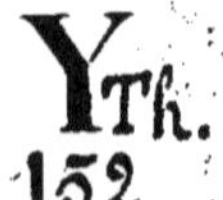

LES AMOURS DU DIABLE

OPÉRA-FÉERIE EN QUATRE ACTES, NEUF TABLEAUX

Paroles de M. de SAINT-GEORGES,

MUSIQUE DE M. ALBERT GRISAR,

MISE EN SCÈNE DE MM. GRIGNON ET ARSÈNE

Divertissement de M. LEROUGE,

Représenté pour la première fois, à Paris, sur le THÉATRE-LYRIQUE, le 13 mars 1853.

PERSONNAGES :	ACTEURS :
LE COMTE FRÉDÉRIC, jeune seigneur hongrois	MM. TALON.
HORTENSIUS, son gouverneur	LEROY.
BRACACCIO, chef de pirates	JUNCA.
BELZÉBUTH	COULON.
LILIA, sœur de lait du jeune comte	Mmes RENARD
THÉRÉSINE, mère de Lilia	VADÉ.
PHŒBÉE, comédienne, maîtresse du comte Frédéric	SOPHIE NOEL.
URIELLE, démon	COLSON.
PATERNICK, paysan	M. COLSON.
GOTH, sa fiancée	Mlle LARCÉNA.
LE GRAND VIZIR	MM. GRIGNON.
L'EUNUQUE	NEVEU.
LE TAILLEUR	LEMAIRE.
L'USURIER	QUINCHÉ.
LE BIJOUTIER	VILLEME.
UN MARCHAND	ANDRIEUX.
UN ANGE	GARNIER.

Seigneurs, Dames, Paysans, Démons, Esclaves, Anges, Huissiers, etc.

La scène se passe, en Hongrie, dans le château du comte Frédéric.

S'adresser, pour la mise en scène, à M. ARSÈNE, régisseur du Théâtre-Lyrique.

ACTE PREMIER

PREMIER TABLEAU.

Une fête foraine dans le parc du comte Frédéric. A gauche, une tonnelle de verdure. Au milieu des dames villageoises, de tous côtés des marchands ambulants, des vendeurs d'orviétan, des montreurs de curiosités.

SCÈNE PREMIÈRE.

INTRODUCTION.

(Au lever du rideau, la fête est très-animée.)

CHŒUR DE PAYSANS.

C'est grande fête
Chez Monseigneur!
Fête complète
En son honneur!
Clairons, trompette,
Que dans ces lieux
L'écho répète
Vos sons joyeux!

CHŒUR GÉNÉRAL.

C'est grande fête
Chez Monseigneur!
Fête complète
En son honneur!
Clairons, trompette,
Que dans ces lieux
L'écho répète
Vos sons joyeux!

SCÈNE II.

LES MÊMES, LE COMTE FRÉDÉRIC, entrant, donnant le bras à PHŒBÉE, suivi d'HORTENSIUS, son gouverneur, de SEIGNEURS et de DAMES.

PHŒBÉE.
Ah! Monseigneur! cette fête foraine,
Dans votre parc! mais c'est charmant!

FRÉDÉRIC.
Oui, sous vos pas, ma belle reine,
Je voudrais un plaisir nouveau pour chaque instant.

HORTENSIUS, bas, à Frédéric.
Vrai Dieu! nous en faisons, pour une cantatrice,
Assez, je crois, sur mon honneur!

FRÉDÉRIC, de même.
Ah! pour elle, quelle injustice!
Voyez, que de beauté, mon sage gouverneur!..

PHŒBÉE.
Mais la nuit de son ombre épaisse
Va bientôt couvrir ces bosquets.

FRÉDÉRIC, à Phœbée.
La nuit, plus que le jour, pour nous a des attraits!
Les plaisirs, les amours, sont ses heureux sujets!..

PHŒBÉE.

PREMIER COUPLET.

De la nuit je suis la déesse!
J'aime son ombre et sa paresse;
Quand le jour fuit,
On parle mieux de tendresse
A la nuit!

TOUS ENSEMBLE.

Douce nuit, ton ombre
Donne à notre cœur,
Sitôt qu'il fait sombre,
Amour et bonheur!

PHŒBÉE.

DEUXIÈME COUPLET.

La nuit, la beauté moins timide
Suit sans bruit l'amant qui la guide,
L'amour sourit!
Car le plus sage est bien perfide
A la nuit!

TOUS ENSEMBLE.

Douce nuit, ton ombre
Donne à notre cœur,
Sitôt qu'il fait sombre,
Amour et bonheur!

FRÉDÉRIC, à Phœbée.
Et maintenant venez, ma reine,
Visiter mes jardins et ce riche palais,
Dont vous êtes la souveraine
Par mon amour et vos attraits!

(Frédéric offre son bras à Phœbée, suivie des dames et des seigneurs, et traverse le parc au milieu des danseurs et des marchands forains, qui recommencent leurs appels.)

CHŒUR GÉNÉRAL.

C'est grande fête
Chez Monseigneur!
Fête complète
En son honneur!
Clairons, trompette,
Que dans ces lieux
L'écho répète
Vos sons joyeux!

(Peu à peu tout se calme, et les danseurs s'éloignent sur les pas du comte et de sa société.)

SCÈNE III.

HORTENSIUS, seul, les regardant sortir. Il l'emmène!.. ô scandale!.. mon élève, le jeune comte Frédéric, à qui j'enseigne la sagesse depuis dix ans!.. et qui ne fait que des folies!.. Conduire dans ce vénérable manoir une reine de théâtre!.. en faire la souveraine du château de Krakentorp!.. le plus noble manoir de la Hongrie!.. et le seul qui nous reste de tous nos héritages!.. Quand je pense qu'en six mois de temps nous avons dévoré un oncle, deux cousins et trois vieilles tantes!.. c'est dur!.. c'est un anthropophage de successions, que mon élève!.. Combien je m'applaudis d'être resté pur et vertueux toute ma vie!.. d'avoir horreur de ce sexe perfide... qui me le rend bien!.. grâce au physique imposant dont le ciel m'a doué!.. Quant à mon élève, c'est un vrai volcan!.. un joli corsage, un pied mignon... crac! la tête lui tourne! Mais il est temps de l'arrêter sur les bords de l'abîme!.. Je lui démontrerai le danger de la comédienne, à l'endroit des héritages... et, comme dit Cicéron ou un autre: *Sapientia est hominis felicitas!... Et virtus, de Senectute, quam donat in thesaurum æternitas!...* (Se retournant.) Qui est-ce qui vient-là?..

SCÈNE IV.

HORTENSIUS, THÉRÉSINE, LILIA.

LILIA, à Thérésine. Oui, ma mère... oui, c'est ici que nous le trouverons!..

HORTENSIUS. Encore des femmes!.. toujours des femmes!.. Qui êtes-vous? que voulez-vous?.. que cherchez-vous?..

LILIA. Ah! mon Dieu!.. me voilà toute tremblante!..

HORTENSIUS. Très-bien!.. je les épouvante... C'est l'effet que je produis toujours sur ce sexe charmant!..

THÉRÉSINE, à Hortensius. Monseigneur le comte Frédéric n'est-il pas dans ce château?..

HORTENSIUS. Il y est.

THÉRÉSINE. Avec une noble société?

HORTENSIUS. Avec une foule de mauvais sujets de ses amis... les maîtresses de ses amis... et sa maîtresse à lui... une coquette!.. une folle... une comédienne!..

LILIA. Sa maîtresse!..

HORTENSIUS. Une adroite créature... qui croquera notre dernier château en quelques bouchées!.. et nous rendra bientôt plus pauvres que le dernier de nos vassaux!..

LILIA, avec effroi. Est-il possible?..

HORTENSIUS. Et ça ne tardera pas!.. avec les repas, les fêtes... les cadeaux et le jeu!.. où nous perdons toujours!..

LILIA. Vous jouez aussi?..

HORTENSIUS. Moi?.. pas du tout!.. c'est lui, le comte, mon élève... mais je me suis tellement identifié à sa noble personne, que je dis : Notre château... notre bourse... Il n'y a que : Notre maîtresse!.. que je ne dirai jamais!.. car j'aimerais mieux me donner au diable, comme l'un des ancêtres du comte, qu'à cette femme-là!

LILIA, vivement. Ah! Monsieur!.. vous êtes un bien brave homme.

HORTENSIUS, avec ironie. Vous trouvez?... Ah çà! mais je m'admire, de causer là avec des inconnues... des vassales!.. avec une vilaine!.. une jolie vilaine, à la vérité!.. mais n'importe!.. ça compromet... Allons!.. retirez-vous!..

THÉRÉSINE. Viens, ma fille...

LILIA, au gouverneur. Ah! Monsieur... laissez-moi parler à M. le comte, je vous prie?..

HORTENSIUS. Mais, est-ce que je sais où il est, M. le comte? allez l'arracher, si vous pouvez, aux séductions de la Phœbée! vous lui rendrez service... et à moi aussi!

SCÈNE V.

LES MÊMES, LE COMTE FRÉDÉRIC.

FRÉDÉRIC, accourant à Hortensius. Ah! vous voici, mon cher gouverneur!..

LILIA. C'est lui!..

FRÉDÉRIC. Dites-moi... les avez-vous trouvées?..

HORTENSIUS. Quoi donc?

FRÉDÉRIC. Le flacon, l'éventail, le mouchoir de notre belle Phœbée!.. qu'elle a perdus, égarés au milieu de la fête.

HORTENSIUS. Par exemple! est-ce que je voudrais toucher à de pareils objets!.. souiller ainsi mes chastes mains!..

LILIA, à Frédéric. Monseigneur...

FRÉDÉRIC. Quelle est cette jeune fille?

LILIA. Monseigneur ne me reconnait pas?.. Après ça, nous étions si jeunes, lui et moi, quand nous passions nos journées ensemble, auprès de ma bonne mère, sa nourrice!..

FRÉDÉRIC. Thérésine!... Lilia... ma sœur de lait!..

THÉRÉSINE. Vous vous souvenez de nous?..

FRÉDÉRIC. Si je m'en souviens!.. ma bonne nourrice, qui m'a tenu lieu de mère... qui m'a élevé dans ce vieux manoir!.. et ma jolie sœur! frais bouton de rose, et maintenant la plus belle des fleurs!..

THÉRÉSINE. Ah! Monseigneur... de pareils compliments à une pauvre fille!

HORTENSIUS, à part, à Lilia. Ne le croyez pas... il en dit autant à toutes les femmes!..

FRÉDÉRIC, la regardant. Mais c'est qu'elle est charmante!.. adorable!..

HORTENSIUS. Quand je disais!... voilà le volcan parti!..

FRÉDÉRIC, prenant son gouverneur à part. Hortensius! mon cher gouverneur!.. rendez-moi le service d'aller vous promener un peu!.. là-bas... dans cette sombre allée...

HORTENSIUS. Comment!.. il m'envoie promener!..

FRÉDÉRIC, continuant. Et si vous voyez venir quelqu'un de ce côté... Phœbée, par exemple...

HORTENSIUS. Je lui dirai que vous êtes ici?..

FRÉDÉRIC. Au contraire!.. vous me préviendrez de son arrivée ..

HORTENSIUS. Mais je ne sais si ma dignité de savant et de gouverneur!..

FRÉDÉRIC, riant. Précisément!.. comme gouverneur vous devez veiller sur moi!.. c'est de la logique!..

HORTENSIUS, sortant. La logique!.. Au fait! c'est moi qui la lui ai montrée... mais voilà la première fois qu'il s'en souvient. (Il s'éloigne.)

SCÈNE VI.

LES MÊMES, excepté HORTENSIUS.

FRÉDÉRIC. Ainsi, ma chère Lilia, tu songeais quelquefois aux beaux jours de notre enfance?... à nos jeux?.. à nos innocents plaisirs?..

LILIA. Jugez-en, Monseigneur :

PREMIER COUPLET.

Dès le matin, dans la prairie,
Quand l'aube du jour paraissait,
De la paquerette fleurie
Vous alliez cueillir un bouquet...

FRÉDÉRIC.

Puis, j'accourais dans ta chaumière
T'offrir ce présent d'amitié!..
Et puis tu donnais à ton frère...

LILIA, émue.

Quoi donc?..

FRÉDÉRIC.

Un doux baiser, ma chère.

LILIA, timidement.

Monseigneur n'a rien oublié?

FRÉDÉRIC.

Non, non, je n'ai rien oublié!

LILIA.

DEUXIÈME COUPLET.

Et puis, l'hiver, à la veillée,
Dans la tour de notre manoir,
Près de vous, tout émerveillée,
J'écoutais les contes du soir...

FRÉDÉRIC.

Et quand cette légende austère
T'effrayait... ému de pitié,
Je t'embrassais en tendre frère!..

LILIA, avec émotion.

Quoi? moi?..

FRÉDÉRIC, l'embrassant.

Comme cela, ma chère!

LILIA.

Monseigneur n'a rien oublié?

FRÉDÉRIC, l'embrassant de nouveau.

Non, non, je n'ai rien oublié!

SCÈNE VII.

LES MÊMES, PHŒBÉE au fond, et voyant Frédéric embrasser Lilia.

PHŒBÉE. Que vois-je, Monseigneur?..

FRÉDÉRIC, à part. Phœbée!.. et Hortensius qui ne me prévient pas!..

HORTENSIUS, accourant. Monseigneur!.. Monseigneur!.. voici la signora Phœbée!..

FRÉDÉRIC. Il est bien temps de m'avertir!..

PHŒBÉE. Il paraît que monsieur le comte a trouvé dans ce parc tout autre chose que ce qu'il cherchait?..

FRÉDÉRIC, montrant Lilia. Ma sœur de lait... une amie d'enfance...

PHŒBÉE, avec hauteur. Ah!.. une jolie fille, vraiment!... fi! Monseigneur, c'est affreux!.. me tromper pour je ne sais quelle coquette de village!..

THÉRÉSINE. Lilia est une honnête jeune fille, Madame!.. qui ne fait la coquette avec personne!..

PHŒBÉE, avec ironie. Et que monsieur le comte embrassait, par amour pour la vertu!..

LILIA. Ah! Monseigneur!..

FRÉDÉRIC. Pauvre enfant!.. la voilà tout émue... Éloigne-toi, ma chère Lilia... et vous aussi, ma bonne nourrice... mais revenez me voir ici... bientôt... ce soir même...

PHŒBÉE. Ce soir?..

FRÉDÉRIC, à Phœbée. Ce soir... pour que je m'occupe de son sort, de son avenir... (A Lilia.) En attendant que je t'assure une belle dot pour ton présent de noce...

LILIA. Je ne me marierai jamais, Monseigneur!..

FRÉDÉRIC. Et pourquoi?

LILIA, lui faisant la révérence. C'est mon secret, Monseigneur... (Elle prend la main de Thérésine, et sort vivement avec elle.)

SCÈNE VIII.

FRÉDÉRIC, PHŒBÉE, HORTENSIUS.

PHŒBÉE. En vérité, Monseigneur, ce n'était guère la peine de me faire quitter mon palais de la ville de Presbourg, mon théâtre dont j'étais la reine, pour m'amener dans ce vieux castel, et m'y rendre témoin de vos tendresses pastorales et de vos amours champêtres!..

HORTENSIUS, à part. Bon!.. voilà l'orage qui commence... gare la foudre!..

FRÉDÉRIC. Je vous ai déjà dit, ma belle Phœbée, qu'il ne s'agit ici ni d'amour ni de galanterie, mais bien d'une amie d'enfance, que j'ai retrouvée en ces lieux, par hasard.

PHŒBÉE. Oh! sans doute! le hasard est un complaisant fort commode! il accepte tout et ne se plaint de rien!.. aussi, je lui pardonne... mais à une condition...

FRÉDÉRIC. Laquelle?

PHŒBÉE. C'est que vous ne reverrez plus cette jeune fille... et que vous lui ferez fermer la porte de ce château!..

HORTENSIUS, à Frédéric. Une sœur de lait!.. une protégée de votre noble père!..

FRÉDÉRIC. Jamais!..

HORTENSIUS. Jamais!..

PHŒBÉE. Ainsi, vous me refusez?..

FRÉDÉRIC. Je refuse!..

HORTENSIUS. Nous refusons!..

PHŒBÉE. Prenez garde, Monseigneur!.. je suis Italienne, et jalouse!..

FRÉDÉRIC. Des menaces, Madame!..

HORTENSIUS, renchérissant. Des menaces, Madame!..

PHŒBÉE. Oui, vous avez raison... des menaces, c'est ridicule!.. c'est superflu! A mon âge, et avec quelques attraits, on ne se venge pas d'un infidèle sur sa rivale...

FRÉDÉRIC. Et que fait-on, s'il vous plaît?..

PHŒBÉE, souriant. Vous allez le savoir, Monseigneur!.. (Aux jeunes seigneurs, qui rentrent de tous côtés.)

CHANT.

Ah! Messeigneurs, approchez-vous!
Venez juger notre querelle!
A votre équité j'en appelle...
(Montrant Frédéric.)
Monsieur veut seul être jaloux,
Avec le droit d'être infidèle!..
(Avec coquetterie.)
N'est-il pas juste, à notre tour,
Comme lui, de changer d'amour?

FRÉDÉRIC, à part.
Ah! la coquette! l'infidèle!
Oui, je sais à quoi m'en tenir!
On ne me cherche ici querelle
Qu'afin de pouvoir me trahir!

ENSEMBLE.

PHŒBÉE.
Oui, je suis coquette, infidèle!
Voilà mon bonheur, mon plaisir!
Je suis heureuse d'être belle,
Afin de pouvoir mieux trahir.

FRÉDÉRIC.
Oh! la coquette! l'infidèle!
Oui, je sais à quoi m'en tenir!
On ne me cherche ici querelle
Qu'afin de pouvoir me trahir!

HORTENSIUS, à Frédéric.
Enfin il connaît l'infidèle,
Et, grâce au ciel, il va la fuir,
Cette trop dangereuse belle!
Vrai Dieu! j'en mourrai de plaisir!

(Pendant l'ensemble précédent, le parc s'est illuminé, et des valets ont apporté des candélabres sur une table de jeu.)

PHŒBÉE.
Allons! Messieurs, au jeu! par le jeu l'on oublie
Toutes les peines de la vie!

FRÉDÉRIC.
Elle a raison!.. jouons!..
(A Hortensius.)
Le jeu me distraira!

HORTENSIUS, avec désespoir.
Jouer!.. mais nous tombons de Charybde en Scylla!
(Phœbée, Frédéric, tous les seigneurs entourent la table de jeu. Les paysans rentrent dans les jardins.)

FRÉDÉRIC, un cornet de jeu à la main.
De l'or! de l'or!
Jouons sans cesse!
Jouons encor!..
Amour, maîtresse,
Qui vaut de l'or!
De l'or!
De l'or!

CHŒUR DE JOUEURS, répétant.
De l'or!
De l'or!
Jouons sans cesse!
Jouons encor!..
De l'or! de l'or!
Amour, tendresse,
Qui vaut de l'or!
De l'or!
De l'or!

SCÈNE IX.

LES MÊMES, LILIA.

LILIA, entrant, à part, avec émotion.
Ah! malgré moi, mon cœur devine,
Pour le comte, quelque malheur!..
(A Hortensius.)
Là-bas, que fait donc Monseigneur?

HORTENSIUS, avec désespoir.
Monseigneur, ma chère?.. il se ruine!

FRÉDÉRIC, à un joueur.
Mille écus d'or!..

LE JOUEUR.
Je les tiens!..

FRÉDÉRIC, jouant.
J'ai perdu!..
Deux mille écus!..

PHŒBÉE, jouant.
Monseigneur, je les gagne!

FRÉDÉRIC.
Dix mille écus!..

CHŒUR DE JOUEURS.
Les voici!.. c'est tenu!

FRÉDÉRIC, après avoir joué.
Destin maudit! le malheur m'accompagne,
Au jeu, comme en amour! j'ai perdu!..

PHŒBÉE, à Frédéric.
Je vous joue
Vingt mille écus?..

FRÉDÉRIC.
O fortune! ta roue
Pour moi tournera-t-elle bien!..
Vingt mille écus! c'est cher!..

HORTENSIUS, à Frédéric, le prenant à part.
Mais nous n'avons plus rien,
Si vous perdez!..

LILIA, à Frédéric.
Au nom de votre père,
Ne jouez plus!

FRÉDÉRIC, à Lilia.
Bah! le destin contraire
Changera!.. tu vas voir... je tiens vingt mille écus!

PHŒBÉE, jetant le dé en souriant.
Et Monseigneur les a perdus!

REPRISE DU CHŒUR.
De l'or!
De l'or!
Jouons sans cesse!
Jouons encor!
De l'or! de l'or!
Amour, tendresse,
Qui vaut de l'or!
De l'or!
De l'or!

FRÉDÉRIC, quittant la table découragé, à Hortensius.
Tu l'as dit : Adieu la richesse!

LILIA, le regardant.
Ah! dans ses yeux quelle tristesse!
Si j'osais.......................
(Montrant les bijoux qui la parent.)
Ah! Monseigneur! mon doux seigneur!
Ces bijoux, qu'en pourrais-je faire?
Cette croix qui touchait mon cœur...
Et ce pieux et saint rosaire
Qui peut conjurer le malheur,
Acceptez-les, mon doux seigneur!..
Mon doux seigneur!

FRÉDÉRIC, acceptant le rosaire.
Parmi tant d'offrandes si chères,
Je prends ce chapelet pour me porter bonheur!

LES JOUEURS, à Frédéric.
Eh bien! votre revanche?

FRÉDÉRIC, à Hortensius.
Après tout, le malheur
Doit se lasser enfin!..

HORTENSIUS.
Que jouer?.. votre honneur?

FRÉDÉRIC.
Eh! non, parbleu! le château de mes pères!

HORTENSIUS ET LILIA.
O ciel! que dit-il? ô terreur!

FRÉDÉRIC, aux joueurs.
Contre tous vos trésors, mon manoir et ses terres!
Jusques à mes vaisseaux!.. en trois coups!..

UN JOUEUR, jetant les dés.
Le premier
Est pour moi!..

FRÉDÉRIC, jouant.
Le second, je l'emporte!
(Perdant et désignant le joueur.)
Vrai Dieu! sa chance est la plus forte!
Il gagne le dernier!..

FRÉDÉRIC.
O destin! ô rage!
Je sens dans mon cœur
Gronder un orage
Tout plein de fureur!
Quel mauvais génie,
Toujours en courroux,
Accable ma vie,
M'abat sous ses coups!

UN SEIGNEUR.
Ce château m'appartient

LES SEIGNEURS, montrant Frédéric.
Fortune, tes faveurs
Nous vengent ici de sa flamme.

FRÉDÉRIC, au seigneur qui a gagné.
Joignez à ce château votre cœur... et Madame
Verra devant tous deux dissiper ses rigueurs!

PHŒBÉE.
Comte, vous m'insultez!..

LES SEIGNEURS, à Phœbée.
Une si belle cause,
Pour vous venger, devient la nôtre, ici!

FRÉDÉRIC, l'épée à la main.
Eh bien! approchez tous! ou qu'un seul de vous l'ose
Vous m'avez pris mon or... prenez ma vie aussi!

ENSEMBLE GÉNÉRAL.

FRÉDÉRIC, défiant ses adversaires.
O destin! ô rage!

Je sens dans mon cœur
Gronder un orage
Tout plein de fureur!
Quel mauvais génie,
Toujours en courroux,
Accable ma vie,
M'abat sous ses coups!

PHOEBÉ.

Le dépit, la rage,
Agitent son cœur!
Et son lâche outrage
Me met en fureur!
Mais un bon génie,
Me venge, entre nous,
De la perfidie
De ce cœur jaloux!

LES SEIGNEURS, montrant Phœbé.

Le dépit, la rage,
Agitent son cœur,
Vengeons son outrage
Sur son lâche auteur!
Il faut que sa vie
Tombe sous nos coups,
Et lui soit ravie
Par notre courroux!

LILIA, à Frédéric.

O mon ami!.. mon noble frère!
Calmez-vous!.. arrêtez!.. écoutez ma prière!

HORTENSIUS.

Il se ruine! il se bat!... ô comble de l'horreur!
A quoi bon, juste ciel, avoir un gouverneur!

REPRISE DE L'ENSEMBLE GÉNÉRAL.

FRÉDÉRIC.

O destin! ô rage!
Je sens, dans mon cœur, etc.

PHOEBÉ.

Le dépit, la rage,
Agitent son cœur, etc.

LES SEIGNEURS, montrant Phœbé.

Le dépit, la rage,
Agitent son cœur! etc.

(Les épées sont tirées. Phœbé feint de s'évanouir. Lilia et Hortensius cherchent à retenir Frédéric, qui sort en menaçant ses adversaires. — Le théâtre change.)

DEUXIÈME TABLEAU.

Le théâtre représente une bibliothèque gothique, située dans une tour. Des livres poudreux sont placés çà et là, sur les rayons. Au-dessus d'une vaste cheminée, en face du spectateur, on a peint une ancienne légende représentant un diable sous la forme d'un page, se mettant au service d'un des ancêtres du comte Frédéric, en échange de son âme. Une fenêtre, fermée par des vitraux coloriés, laisse pénétrer les rayons de la lune, qui éclaire seule le vieux donjon.

SCÈNE PREMIÈRE.

GOTH, PATERNICK.

GOTH, entrant par une petite porte de la tour, et parlant dans l'escalier. Ah çà! monterez-vous ben... tout seul... voyons... faut-il pas vous tenir les lisières?...

PATERNICK, dans l'escalier. Écoute donc... quand on n'y voit pas!.. (On entend du bruit.) Bon! v'là que je dégringole!..

GOTH, parlant dans l'escalier. Vous êtes-vous cassé queuque chose?

PATERNICK, en dehors. Oui, Goth!.. oui... je me suis cassé queuque chose!..

GOTH. Eh bien! quoi?.. voyons... répondez!.. les jambes?.. le nez?

PATERNICK, entrant. Non, Goth!.. non!.. Je me suis cassé ma dame-jeanne... ma dame-jeanne toute neuve... pleine d'une eau limpide, que j'apportais ici, pour le souper de notre jeune seigneur...

GOTH. V'là une drôle d'idée, à notre jeune maître, de venir demeurer dans cette vieille tour!... lui qui a un si beau château!..

PATERNICK. Qui sait? Ce jeune homme aime peut-être le chant mélodieux de la chouette et du hibou!..

GOTH. Avec ça que cette tour a un vilain nom!.. la tour du Diable!.. comme on l'appelle... à cause que l'un des ancêtres de notre jeune seigneur y a vendu son âme au diable!.. (Montrant la légende.) même qu'en v'là le portrait!..

PATERNICK. Qui ça? ce petit page?

GOTH. C'est le diable!.. on vous dit!.. Le diable ça prend toutes les formes!..

PATERNICK. Au fait!.. s'il avait pris la tienne!.. si tu étais le diable, toi?.. pour m'avoir ensorcelé, au point que j'en suis bête d'amour!..

GOTH, riant. Bah! vous êtes bête sans ça! Allons! assez causé... rangez tout ici... faites votre état de concierge... moi, je m'en vas!..

PATERNICK. Oh! Goth! sais-tu pourquoi je me suis fait accompagner par toi dans cette sombre tour?

GOTH. Parce que vous êtes un poltron!

PATERNICK. Parce que je suis amoureux!..

GOTH. Toi?

PATERNICK. Oui, moi.

GOTH. Allons donc!

DUETTO.

PATERNICK.

Si je t'ons amenée en ce manoir,
C'est que j'ai bien plus de courage
Pour te parler d' not' mariage,
Quand il fait noir!

GOTH.

Quoi! c'est pour parler mariage,
Quand il fait noir?

PATERNICK.

Ce n'est pas tout... quand vient le soir,
On n' se voit pas quand on s'embrasse!

GOTH.

Tu crois?

PATERNICK.

J'en suis sûr!.. à ta place,
J'en essairais...

GOTH.

Vraiment?
(Donnant un soufflet à Paternick, qui l'embrasse.)
Voilà pour ton audace,

PATERNICK, se frottant la joue.
Ah! quoiqu'il fasse ici bien noir,
Ça ne l'empêche pas d'y voir!

GOTH ET PATERNICK.

ENSEMBLE.

L'amour, à la brune,
Est pourtant charmant!
Et le clair de lune
Séduit un amant.
(On entend le tonnerre.)

GOTH, à Paternick.
N'entends-tu pas?

PATERNICK.
C'est le tonnerre!

GOTH, tremblant.
Ah! du tonnerre, j'ai grand'peur!..

PATERNICK.
Il faut se rapprocher, ma chère...
A deux, l'on a moins de frayeur!

GOTH.
Viens donc!

PATERNICK.
Je viens...

GOTH.
Approche-toi!

PATERNICK.
Me voici...

GOTH.
Là, plus près de moi!
(Le tonnerre augmente.)

GOTH ET PATERNICK, se serrant l'un contre l'autre en tremblant.

ENSEMBLE.

Dieu! comme je tremble!
Dieu, comme j'ai peur!
Mais trembler ensemble
Rassure le cœur!

PATERNICK, à Goth, surpris.
Tu prends ma main?

GOTH.
Quand on a peur!

PATERNICK, de même.
Toi dans mes bras?

GOTH.
C'est d' la frayeur!
(L'orage redouble.)

PATERNICK.
Risquons l' baiser!..
(Il l'embrasse.)
Pas de colère!..

GOTH.
Je meurs d'effroi!

PATERNICK.
Quel doux combat,
Entre l'amour et le tonnerre!
(Embrassant Goth et se frottant la joue.
Mais, cette fois, c'est sans éclat!
(Sur un coup de tonnerre, ils se rapprochent et tremblent plus fort.)

GOTH.
Dieu! comme je tremble!
Dieu! comme j'ai peur!

PATERNICK, à Goth.
Mais trembler ensemble,
C'est là le bonheur!

ENSEMBLE.

Vive le tonnerre,
Son bruit et ses feux,
Ils sont faits pour plaire
A des amoureux!
(On sonne avec force à la porte extérieure de la cour.)

PATERNICK, embrassant encore Goth. Allons! bon!.. v'là qu'on vient nous déranger!.. Quand on est occupé... c'est insupportable!..

GOTH. Ah çà, veux-tu bien aller ouvrir?

PATERNICK. Inutile! attendu que la vieille porte n'ayant pas de serrure, elle est toujours ouverte.. Tiens, vois plutôt!

SCÈNE II.

LES MÊMES, FRÉDÉRIC, HORTENSIUS.

FRÉDÉRIC, entrant. Quel temps!.. quel orage!. quelle pluie!.. (Il jette son manteau sur un fauteuil.)

HORTENSIUS, à Paternick et à Goth. Allons! manants!.. du feu dans cette salle!. Allumez des flambeaux!.. et puis, grande chère et bon vin!

PATERNICK, à Hortensius. Monseigneur est donc Monseigneur, pour commander ainsi?

HORTENSIUS. Je suis le gouverneur du comte Frédéric, votre maître, que voici, et nous mourons tous deux de froid et de faim!

PATERNICK. Quant au feu... voilà Goth qui vient de l'allumer... mais, pour ce qui est du reste, nous n'avons pas, dans cette vieille tour, de quoi nourrir un lézard!..

FRÉDÉRIC, riant. Et de quoi vis-tu?

PATERNICK. Je vis au château de Monseigneur... de la cuisine de Monseigneur... ayant l'agrément d'être le fils de son intendant!

FRÉDÉRIC, avec insouciance. Je n'ai plus de château, mon garçon, plus d'intendant!.. et j'en suis fâché pour mademoiselle Goth... que j'aurais couronnée rosière... rien que pour ses jolis yeux!..

GOTH, faisant la révérence. A vot' service, Monseigneur...

HORTENSIUS. Encore celle-là!.. il n'en manque pas une!.. Allons, sortez, vous autres!.. laissez Monseigneur à ses rêveries...

PATERNICK, à Goth, sortant. Le jeune est gentil!.. mais le vieux ressemble à notre bouledogue... quand il n'a pas dîné...

HORTENSIUS. Allons! allons! sortez!.. (Ils sortent.)

SCÈNE III.

FRÉDÉRIC, HORTENSIUS.

HORTENSIUS, examinant la tour. Voilà donc ce qu nous reste de trois châteaux!.. et de notre fortune!.. une vieille masure!.. vrai nid de cigogne... où nous serons bientôt réduits à mourir de faim.. comme le sire Ugolin!

FRÉDÉRIC. Eh bien! mon cher gouverneur, c'est le cas, ou jamais, de me donner une leçon de philosophie!..

HORTENSIUS. Jouer le manoir de ses ancêtres!.. et le perdre!

FRÉDÉRIC, galement. Ah! voilà ce qu'il y a de plus

fâcheux! mais, que voulez-vous? cette coquette de Phœbée m'avait tourné l'esprit!.. Et puis la colère s'en est mêlée... j'aurais joué jusqu'à mon gouverneur... si l'on avait voulu le prendre pour enjeu!

HORTENSIUS. Par bonheur... il vous reste pour vous consoler... vous servir...

FRÉDÉRIC, vivement. A souper?..

HORTENSIUS. Vous servir de père, jeune homme!.. vous enseigner la résignation et la sagesse!..

FRÉDÉRIC. Parbleu! je suis bien forcé d'être sage!.. maintenant que je n'ai plus le moyen d'être fou!..

HORTENSIUS. Il est bien temps!

FRÉDÉRIC, regardant autour de lui. Le fait est que ça n'est pas beau; mon nouveau palais... est fort mal meublé!.... Ah! ah! qu'est-ce que je vois là? des livres!..

HORTENSIUS. Nous les lirons!..

FRÉDÉRIC. Non vraiment!.. nous les vendrons!..

HORTENSIUS. Des livres, c'est la nourriture de l'esprit!

FRÉDÉRIC, riant. J'aimerais mieux celle du corps!..

HORTENSIUS, lui donnant un bouquin. Tenez... nourrissez-vous!..

FRÉDÉRIC, assis, ouvrant le volume et lisant. « Traité d'alchimie!.. moyen de faire de l'or! » Diable! cela vient bien à propos! « Pour faire de l'or, prenez beaucoup d'argent... » Et plus loin : « Pour faire de l'argent... procurez-vous beaucoup d'or... » Parbleu! le difficile, c'est de s'en procurer!.. (Il le jette loin de lui.)

HORTENSIUS, lui présentant un autre volume. Voyez celui-ci...

FRÉDÉRIC, lisant. « Manuel du vrai pharmacien. » (Riant.) Allons donc! il n'y a pas là de remède à nos maux!..

HORTENSIUS, prenant un livre orné de figures cabalistiques. Qu'est-ce que c'est que ça?..

FRÉDÉRIC. Un livre de magie!.. donnez!.. j'ai toujours eu du goût pour le diable!..

HORTENSIUS, effrayé. Ah! mon élève!.. quel blasphème!.. et ici... dans cette tour... qui porte son nom!..

FRÉDÉRIC. Justement! c'est le cas de s'occuper de lui!.. (Lisant.) « Histoire des démons. Il y a des démons des deux sexes... Le démon mâle est plus cruel... le démon femelle est plus perfide. » Juste comme ici-bas!.. (Lisant.) « Leur roi se nomme Belzébuth, et l'on peut l'évoquer avec les paroles suivantes : *Miriam! Manassès! Eurothas!* en étendant les mains vers l'Orient, et en l'appelant par trois fois. » Eh bien! mais voilà une ressource?..

HORTENSIUS, l'arrêtant en tremblant. Monseigneur!... monsieur le comte!.. ne l'appelez pas! il n'aurait qu'à venir!..

FRÉDÉRIC. Mais j'espère bien qu'il viendra!..

HORTENSIUS. Un pareil hôte avec nous... quelle société!

FRÉDÉRIC. Raison de plus!.. nous en manquons... (Il ouvre le livre et s'apprête à lire.) Je commence... « Manassès!.. »

HORTENSIUS, à ses genoux. Par pitié pour vous... pour moi... n'évoquez pas le maudit!.. comme notre trisaïeul qui s'est donné à lui!..

FRÉDÉRIC. Mon trisaïeul n'a pas su s'y prendre... (Lui montrant le livre.) Tenez, lisez ceci : « Ceux qui prient le diable deviennent ses esclaves... Ceux qui le commandent sont ses maîtres... » Et je veux être le sien!..

HORTENSIUS, épouvanté. On dirait qu'il l'entend! voici le tonnerre qui redouble!..

FRÉDÉRIC, lisant, la main tournée vers l'Orient. « Manassès!.. Miriam!.. Eurothas! » (On entend un bruit souterrain.)

HORTENSIUS. Ah! miséricorde!.. c'est lui!.. le maudit... je me sauve!.. (Il sort épouvanté.)

FRÉDÉRIC. Roi des démons!.. viens à moi! je le veux!.. (Le bruit augmente, les éclairs se succèdent rapidement. — Continuant.) Esclave! viens à moi!.. Maudit, à moi!.. — (On entend un grand éclat de rire.) Qu'éprouvé-je donc? un nuage se répand sur mes yeux! mon cœur se glace dans ma poitrine! il me semble que la vie me quitte... Est-ce la mort?.. est-ce le sommeil?.. (Un coup de foudre éclate, et Frédéric tombe sur la terre comme foudroyé. A ce moment, et sur une musique mystérieuse, on voit la cheminée de la tour s'agrandir et s'exhausser; puis la plaque du fond s'entr'ouvre. Un pâle rayon de lune se projette par l'ouverture, et sur ce jet lumineux s'avance majestueusement Belzébuth, l'œil en feu, le front menaçant. A ses pieds est accroupie Urielle, démon de l'ordre féminin, immobile, et n'osant regarder son terrible maître.)

BELZÉBUTH.

CHANT.

Qui vient me troubler? qui m'appelle?..
Et quel mortel audacieux
Ose invoquer l'ange rebelle,
Et l'ennemi des cieux?
(Avec ironie, en apercevant Frédéric évanoui.)
Eh quoi! c'est là le puissant maître
Qu'ici-bas il faudrait avoir?
Eh quoi! Satan d'un pareil être
Subirait l'indigne pouvoir?
Riez, démons, de sa folie!
Damnés, riez tous avec moi,
De voir un mortel qui défie
Le roi du monde et votre roi!

CHOEUR INVISIBLE DE DÉMONS.

Ah! ah! ah! la bonne folie!
Ah! ah! ah! il ose, ma foi,
Ah! ah! ah! braver notre roi!

BELZÉBUTH.

CABALETTA.

Chacun à la ronde
Me maudit!
Mais tout en ce monde
M'obéit!
En moi seul espère

Le méchant!
Plus que Dieu, sur terre,
Je suis grand!
Oui, pour subir l'indigne loi
De ce vil mortel qui me brave,
Et pour devenir son esclave,
Une femme démon suffit! relève-toi!..
Urielle! allons! relève-toi!

URIELLE.

Maitre, je t'obéis!..

BELZÉBUTH, lui montrant Frédéric.

Démon, tu vois cet homme?

URIELLE, avec admiration.

Il est jeune, il est beau!

BELZÉBUTH, riant.

Vraiment? L'on te renomme,
A bon droit, pour avoir un inflammable cœur!
Mais changeant, à l'instant, de sexe et de langage,
Et cachant tes attraits, tu deviendras le page
De cet homme, et son serviteur!

(Il touche Urielle de son sceptre, et la métamorphose en page.)

URIELLE, avec douleur.

N'être plus femme, hélas!

BELZÉBUTH, avec pitié.

La femme est toujours femme!
Rapporte-moi cette âme,
Je la veux! c'est ma loi!
Pour apprendre aux mortels à se jouer de moi!

REPRISE DE LA CABALETTA.

Chacun à la ronde
Me maudit!
Mais tout en ce monde
M'obéit!
En moi seul espère
Le méchant!
Plus que Dieu, sur terre,
Je suis grand!
(Montrant Frédéric.)
Riez, démons, de sa folie!
Damnés, riez tous avec moi,
De voir un mortel qui défie
Le roi du monde et votre roi!

CHOEUR DE DÉMONS, accompagnant la fin de l'air.

Ah! ah! ah! la bonne folie!
Ah! ah! ah! il ose, ma foi,
Ah! ah! ah! braver notre roi!

(La musique du commencement de la scène reprend en sourdine. Belzébuth, environné d'un rayon lumineux, disparaît par le fond de la cheminée, qui recouvre sa première forme. — Frédéric ouvre les yeux et jette un cri de surprise en voyant le jeune page agenouillé devant lui.)

SCÈNE IV.

FRÉDÉRIC, URIELLE.

FRÉDÉRIC. Où suis-je?... et que s'est-il donc passé?

URIELLE. Rien que de très-naturel, maître!.. Vous avez appelé un serviteur... et je suis accouru...

FRÉDÉRIC. Un serviteur!.. mais je n'ai pas le moyen de lui payer ses gages!..

URIELLE, avec malice. Oh! nous nous entendrons toujours bien sur le prix!..

FRÉDÉRIC. Mais qui donc es-tu?..

URIELLE. Celui que vous avez demandé.

FRÉDÉRIC, cherchant à se rappeler. J'ai demandé quelqu'un, dis-tu?

URIELLE, lui montrant le livre magique. Sans doute... au moyen de ce livre.

FRÉDÉRIC, avec un cri d'effroi. Ah!... je me souviens... le diable!..

URIELLE, saluant. Présent, maître..

FRÉDÉRIC. Toi?.. un page!.. un enfant!.. ne plaisantons pas!.. cette idée-là vous cause toujours un certain effet!

URIELLE. Rassurez-vous, maître... je suis ce qu'on appelle un bon diable!

FRÉDÉRIC, interdit. Quoi!... tu serais?... vous seriez?.. la preuve!.. Voyons tes griffes!

URIELLE, lui tendant ses mains. Je les ai coupées pour faire patte de velours... Et puis, ça m'aurait gêné pour mon service de page... Allons! maître... ordonnez... commandez... Et d'abord, ce pourpoint est affreux! souillé par l'orage!

FRÉDÉRIC. Et où veux-tu que j'en trouve un autre?

URIELLE, touchant le pourpoint de Frédéric. Sur vous... maître... sur vous! (Le pourpoint devient superbe.)

FRÉDÉRIC. Ah! ce pouvoir, ce prodige!..

URIELLE. Oh! je sais un peu de tout!.. moi... je suis même assez bon tailleur, comme vous voyez!..

FRÉDÉRIC, stupéfait. Tu m'as donc dit vrai?

URIELLE. Je ne mens jamais!.. parole de diable!

FRÉDÉRIC, à part. Au fait!... je l'ai appelé... dérangé de ses affaires... et je dois au moins lui savoir gré de n'être pas venu dans son costume ordinaire!

URIELLE. N'est-ce pas?.. vous me trouvez mieux ainsi?..

FRÉDÉRIC, stupéfait. Quoi! tu as deviné ce que je disais tout bas?

URIELLE. Par Satan! si le diable ne lisait pas dans l'esprit des gens, comment leur soufflerait-il de mauvaises pensées?..

FRÉDÉRIC, avec résolution. Allons!... va pour le diable!.. je te prends à mon service... et je commande...

URIELLE, vivement. Un souper?

FRÉDÉRIC, riant. C'est charmant!... on n'a pas le temps de désirer, avec lui!..

URIELLE. Désirer, c'est du temps perdu, maître!.. jouir de la vie!.... et en jouir vite, surtout! voilà ce qu'il faut... car une fois hors de ce monde... on ne sait pas ce qui peut arriver!

FRÉDÉRIC. Ah! ah!... voici un propos qui sent le roussi!

URIELLE. C'est de l'état!

FRÉDÉRIC. N'importe! il faut bien passer quelque chose à ses domestiques..

URIELLE, avec émotion. Et vous n'aurez jamais eu de serviteur plus dévoué!.. plus empressé!.. plus soumis!.. plus...

FRÉDÉRIC, avec impatience. Mon souper!

URIELLE, lui montrant un souper splendide qui paraît sur une table. Monseigneur est servi!

FRÉDÉRIC, allant à la table. Ah! c'est charmant!.. un souper admirable!.. Ma foi! le diable est un excellent maître d'hôtel!

SCÈNE V.

LES MÊMES, HORTENSIUS.

HORTENSIUS, tremblant à la porte. Le malheureux!.. Belzébuth l'a sans doute emporté!.. que vois-je?.. Il soupe! il mange!

FRÉDÉRIC. Eh! arrivez donc, mon cher gouverneur!.. le souper refroidit!..

HORTENSIUS. Un souper!.. ici!.. dans cette tour!.. un couvert magnifique!..

FRÉDÉRIC, mangeant et d'un air fat. N'est-ce pas?.. ce n'est pas mal?.. mais ça pourrait encore être mieux!..

URIELLE, à Frédéric. Si Monseigneur l'ordonne?..

FRÉDÉRIC. Non... ça suffit pour aujourd'hui... seulement, il y a comme un goût de soufre dans tout cela... Et puis, c'est brûlant!..

URIELLE, à Frédéric. C'est que notre cuisine est chaude là-bas!..

HORTENSIUS, à Frédéric. Tant mieux! j'aime les soupers chauds!.. Et j'y ferai honneur.... ou le diable m'emporte!..

URIELLE, accourant à Hortensius et le prenant dans ses bras. Voilà!

HORTENSIUS, voyant le page. Qu'est-ce que c'est que ça?..

FRÉDÉRIC, riant. Eh! parbleu! le diable lui-même!.. tout prêt à vous obéir!

HORTENSIUS, avec terreur. Le diable!.. miséricorde!

FRÉDÉRIC. Le diable... que j'ai pris à mon service... et qui me sert fort bien, comme vous voyez!

URIELLE. A table donc, monsieur le gouverneur!

HORTENSIUS, avec horreur. A la table du diable!... jamais!... *Vade retro, Satanas!*... (Deux longs bras sortent d'un fauteuil, et font asseoir Hortensius en face du comte.)

URIELLE, riant. Vous y voilà!

FRÉDÉRIC, versant à boire à son gouverneur. A votre santé!

HORTENSIUS, avec horreur. Quelles griffes! elles m'ont brûlé jusqu'aux os!

FRÉDÉRIC. Raison de plus pour vous rafraîchir!..

HORTENSIUS, après avoir bu. Quel vin fort!... grand Dieu!

URIELLE, riant. C'est du vin de Tonnerre!

FRÉDÉRIC, mangeant. Ce poulet emporte la bouche!

URIELLE. C'est un poulet à la diable!

HORTENSIUS. Et ce gigot de chevreuil!

URIELLE. Gigot au feu d'enfer!..

FRÉDÉRIC, riant, et buvant. Mon page est charmant! et je suis enchanté d'avoir le diable à mes ordres!

URIELLE, avec joie. Vraiment, maître?

FRÉDÉRIC, l'examinant. Et un joli page, ma foi!

URIELLE, avec émotion. Ainsi... je ne vous déplais pas trop?

FRÉDÉRIC. Au contraire!..... et si je rencontrais une jeune fille qui eût cette figure-là...

URIELLE. Vous l'aimeriez, peut-être?..

FRÉDÉRIC, un peu gris. J'en serais fou!..

URIELLE, avec joie. Il se pourrait?..

HORTENSIUS, montrant Frédéric. Le malheureux fait des déclarations au diable!

FRÉDÉRIC, buvant. A la santé de Belzébuth!

HORTENSIUS. Horreur! je ne porterai jamais ce toast-là... (Les deux bras reparaissent, et font boire Hortensius malgré lui.) Assez!... assez!... assez!... c'est une question extraordinaire!... au vin de Champagne!

DUETTO.

6

FRÉDÉRIC, son verre à la main.
Quel repas charmant!..
Lorsque tout m'accable,
Ah! vraiment, le diable
Est fort bon enfant!

HORTENSIUS, tremblant
Quel sort effrayant!
La terreur m'accable!
Aux griffes du diable
Me voilà, vraiment!

FRÉDÉRIC.
CHANT.

Dans mon esprit, tout se confond et change!..
Il me semble voir Lilia...
Au lieu d'un démon, c'est un ange,
Qu'un doux souvenir me rend là...

URIELLE, à part, examinant Frédéric avec douleur.
A quelque autre son cœur appartient-il déjà?

ENSEMBLE.

FRÉDÉRIC, luttant contre le sommeil.
Quel repas charmant!
Lorsque tout m'accable,
Ah! vraiment, le diable
Est fort bon enfant!

HORTENSIUS.
Quel sort effrayant!
La terreur m'accable!
Aux griffes du diable
Me voilà, vraiment!

(Frédéric s'affaisse sur lui-même, et le sommeil s'en empare; mais Hortensius tient bon, il continue à boire. Urielle, impatientée, étend la main vers lui. Le gouverneur retombe lourdement sur la table et s'endort.)

HORTENSIUS, rêvant. Belzébuth! le diable! gigot de chevreuil!

FRÉDÉRIC, sommeillant.
Quel repas, etc.

(Une musique douce commence; Urielle tourne autour de Frédéric; effrayée d'un geste du jeune homme, elle se cache derrière le sopha; puis elle reparaît après quelques instants dans un panneau de la boiserie, mais le page a changé de costume. La femme a repris le sien; et c'est sous un léger vêtement de gaze, qu'elle s'avance près du comte endormi.)

URIELLE.

CHANT.

Quittant l'habit trompeur que m'impose le maître,
De mon sexe un instant reprenant les attraits,

(Montrant Frédéric.)

Pendant son sommeil, je puis être
Aussi belle que j'étais!..

CAVATINE.

(S'approchant du comte endormi, et le regardant.)

Dans le sommeil où je le plonge,
Qu'il soit heureux au moins en songe;
Que mes regards, que mes accents
Portent le trouble dans ses sens!
O doux sommeil!
A son réveil,
Qu'à son cœur l'amour me rappelle,
Et qu'à ses yeux, toujours plus belle,
Moi seule ici
Règne sur lui!..
Mon âme, hélas! longtemps fermée,
N'a qu'un désir; c'est d'être aimée.
Dans cet espoir, rayon du ciel,
Est-il un malheur éternel!
Ah! dans ses traits, que de jeunesse,
Que de douceur, que de tendresse!
Mon cœur ressent avec ardeur
Premier amour, premier bonheur.
O doux sommeil!
A son réveil, etc., etc.

(Sur la ritournelle de la cavatine, Urielle s'approche de Frédéric comme entraînée vers lui, puis elle hésite et finit par l'embrasser sur le front; Frédéric s'éveille, et Urielle fuit rapidement le jeune comte, éperdue, en délire; puis elle s'élance au travers de la bibliothèque, et disparaît.)

FRÉDÉRIC, s'éveillant. O ciel!.. quel rêve étrange!.. Là!.. près de moi!.. une femme!.. jeune et belle!.. le regard plein d'amour!... Et sur mon front!... il m'a semblé sentir deux lèvres brûlantes!.. mais cette femme... quelle est-elle?... ses traits charmants... je les ai vus... admirés quelque part... Holà!.. page... diable... lutin.. où es-tu? viens m'expliquer ce prestige! (A Hortensius.) Ah çà! vous réveillez-vous?

HORTENSIUS, s'éveillant. Quoi?.. qu'y a-t-il?.. encore le diable ici?..

FRÉDÉRIC. Au contraire!.. c'est qu'il n'y est plus!.. et il me le faut!.. Allons, aidez-moi à le chercher... à le rattraper!..

HORTENSIUS. Comment, Monsieur? que je coure après le diable!..

FRÉDÉRIC. Cherchons, vous dis-je!.. car je suis dans un trouble!.. une anxiété!..

HORTENSIUS. Dans cette bibliothèque, peut-être... avec de mauvais auteurs!.. sa société habituelle!..

FRÉDÉRIC. Sur ces rayons! y pensez-vous?..

HORTENSIUS. C'est juste! Ah!.. dans ce vieux bahut...

FRÉDÉRIC. Le diable en bahut!

HORTENSIUS, ouvrant le bas du bahut. Monsieur, le diable se fourre partout! (Il ouvre le bahut, et l'on y voit Urielle dans ses habits de page, et regardant en riant Frédéric et le vieux savant.)

FRÉDÉRIC, frappé de surprise. Grand Dieu!... ces traits!.. ces yeux charmants!.. ce sont les siens... cette voix est la sienne! une femme! un démon!.. ah! j'en perdrai l'esprit!.. je deviens fou!..

URIELLE, chantant le dernier motif de l'air.

O doux sommeil!
A ton réveil,
Qu'à ton cœur l'amour me rappelle.

(Frédéric tombe accablé sur le canapé, les yeux fixés sur Urielle, qui n'a pas changé de place. — Hortensius se laisse choir dans un fauteuil, dont les bras l'enlacent de nouveau.)

FIN DU PREMIER ACTE.

ACTE DEUXIÈME

TROISIÈME TABLEAU.

Le théâtre représente un riche salon, ouvrant sur des jardins.

SCÈNE PREMIÈRE.

LE COMTE FRÉDÉRIC, ses amis et leurs maîtresses sont assis autour d'une longue table, splendidement servie. On est à la fin d'une joyeuse orgie. URIELLE, en page, sert son maître.

CHŒUR.

Jour charmant de folie,
Où tout s'oublie
Par la gaîté!
Jour d'amour, de tendresse,
Pour la jeunesse
Et la beauté!
Plus de peine,
Plus de gêne!
En ces lieux, le désir
Sur son aile
Infidèle
Amène le plaisir!

(A la fin du chœur, Paternick s'approche du comte, tenant Goth par la main.)

GOTH, offrant des fleurs au comte.

Monseigneur, acceptez nos fleurs et notre hommage!

FRÉDÉRIC, reconnaissant Paternick.

Le neveu de mon intendant,
Avec sa fiancée...

PATERNICK, avec force révérences.

Aussi belle que sage!
C'est connu de chacun!

LES SEIGNEURS, riant.

Il croit ça, le manant!

PATERNICK.

Goth est une vertu sauvage.

URIELLE, à Paternick, à part.

Pauvre garçon! veux-tu savoir
Combien cette belle
A reçu, ce soir,
Pour l'être infidèle,
Et de rendez-vous,
Et de billets doux!

GOTH, parlant à Urielle. Par exemple!..

URIELLE, continuant, à Paternick.
Vois son escarcelle,
C'est là qu'il sont tous!

PATERNICK, à Urielle.
Non, non, Monsieur, c'est affreux,
Ma Goth n'a qu'un amoureux!

(Urielle montre à Paternick l'escarcelle de Goth, d'où tombent une dizaine de billets doux.)

PATERNICK, furieux.
Qui diable eût deviné cela?

URIELLE, à Paternick.
Le diable! tu l'as dit... il a passé par là!

RONDE.

C'est le diable, qu'ici-bas
Le monde
Craint à la ronde;
C'est le diable, qu'ici-bas
Jeunes et vieux ont sur leurs pas!

PREMIER COUPLET.

Que dit la jouvencelle,
En baissant la prunelle?
« Beau page, votre ardeur
« Ne peut rien sur mon cœur! »
Le diable, qui la guette,
Envoie à la coquette
Un traitant cousu d'or...
Et la vertu s'endort!

REPRISE.

C'est le diable, qu'ici-bas
Le monde
Craint à la ronde;
C'est le diable, qu'ici-bas
Jeunes et vieux ont sur leurs pas!

URIELLE.

DEUXIÈME COUPLET.

Rois, sujets, jeunes filles,
Amis, époux, familles,
Le diable est parmi vous,
Qui vous attrape tous!
Appelez, il s'empresse...
Argent, faveurs, richesse,
Il vous sert sans retard!
Quitte à payer plus tard!

REPRISE.

C'est le diable, qu'ici-bas
Le monde
Craint à la ronde;
C'est le diable, qu'ici-bas
Jeunes et vieux ont sur leurs pas!

(Ils se lèvent tous de table, et reprennent le premier chœur.)

CHŒUR GÉNÉRAL.

Jour charmant de folie,
Où tout s'oublie
Par la gaîté;
Jour d'amour, de tendresse,
Pour la jeunesse
Et la beauté!
Plus de peine,
Plus de gêne!
En ces lieux, le désir
Sur son aile
Infidèle
Amène le plaisir!

(Ils sortent tous gaîment.)

SCÈNE II.

FRÉDÉRIC, HORTENSIUS, URIELLE.

HORTENSIUS, accourant. Ah! monsieur le comte... mon élève... quel affront pour notre blason!..

FRÉDÉRIC. Quoi? qu'arrive-t-il?

HORTENSIUS. Vos créanciers, apprenant votre nouvelle fortune, veulent à toute force être payés...

FRÉDÉRIC, gaîment. Eh bien! on les payera!..

URIELLE, de même. On les payera!..

FRÉDÉRIC. Quand on a le diable pour caissier...

HORTENSIUS. Les entendez-vous?... ils frappent à enfoncer la porte?

FRÉDÉRIC. Eh bien!.. qu'ils l'enfoncent!

URIELLE, ouvrant la porte. Les créanciers de Monseigneur!.. et monsieur leur huissier!

SCÈNE III.

LES MÊMES, CINQ CRÉANCIERS, UN HUISSIER.

L'HUISSIER, bégayant. Au nom... on... de la... a... loi... il vous plaî... ai... aira... pai... pai... ayer!..

FRÉDÉRIC. Hortensius, mon intendant, soldez les mémoires de ces Messieurs. Le bahut est plein de sacs d'argent...

HORTENSIUS, l'ouvrant et restant stupéfait. Il est vide!..

URIELLE, s'approchant du bahut et montrant les sacs qui reparaissent. Il est plein!

HORTENSIUS, à part. Le diable va les payer en fausse monnaie... c'est sûr!..

URIELLE, à l'huissier. Votre exploit, monsieur l'huissier?.. (Aux créanciers.) Vos quittances, Messieurs?... (L'huissier et les créanciers restent fascinés par le diable dans la position où ils lui présentent leurs titres.)

FRÉDÉRIC, tournant autour d'eux et les examinant. Eh bien!.. ils ne disent rien!..

HORTENSIUS. Que vois-je?... immobiles!... pétrifiés!.. ah! les bonnes têtes! (Urielle touche Hortensius qui reste immobile à son tour, au milieu d'un éclat de rire.)

FRÉDÉRIC, riant. Charmant!.. délicieux!.. et jusqu'à mon gouverneur!

URIELLE, plaçant un sac dans la main de chacun des créanciers. Voici pour le tailleur... l'orfévre... le tapissier... Celui-ci pour cet honnête usurier...

FRÉDÉRIC. Il n'oublie personne.

URIELLE. Si fait!... les frais de monsieur l'huissier!.. (Prenant les quittances des créanciers.) Et voilà comment le diable paye les dettes de ses amis...

FRÉDÉRIC, riant. Allons, délivre-moi de ces vilaines figures.

URIELLE. A l'instant, maître... à l'instant... (Aux créanciers.) Revenez à vous, honnêtes marchands!.. et allez compter vos espèces ailleurs! (Les créanciers reprennent leurs mouvements, et ouvrent leurs sacs d'argent, d'où il sort une épaisse fumée.)

TOUS, criant. A nous!.. à l'aide!.. au secours!...

L'HUISSIER. C'est de la fu... fu... c'est de la fu... mée!..

URIELLE. C'est l'argent du diable!.. chacun paye comme il peut!..

L'HUISSIER, les suivant avec effroi. Au secours!.. au voleur!.. au secours!.. (Les recors et l'huissier sortent.)

URIELLE. Et le gouverneur que j'oubliais!

HORTENSIUS, revenant à lui. Ouf!.. qu'est-ce qui m'est donc arrivé?..

FRÉDÉRIC, riant. Rien!.. vous avez dormi!..

HORTENSIUS, se frottant les yeux. Quel cauchemar!..

URIELLE. Allons! réveillez-vous!..

HORTENSIUS. J'ai besoin d'air... je suis pétrifié, c'est le mot!...

URIELLE. Et vous le serez pour tout de bon, si vous ne vous dépêchez de sortir!

HORTENSIUS, avec effroi. Un domestique qui met son maître à la porte! voilà qui est un peu fort!.. (Il sort.)

SCÈNE IV.

URIELLE, FRÉDÉRIC.

URIELLE. Monseigneur est-il content de son page?..

FRÉDÉRIC, éclatant de rire. Enchanté!.. grâce à toi, me voilà plus riche que jamais!.. toute ma fortune m'est revenue... et mes amis ont fait comme ma fortune!..

URIELLE. C'est l'usage!

FRÉDÉRIC. J'ai peur seulement que tu ne fasses payer un peu cher tes services... que tu ne prêtes tes fonds à gros intérêts!..

URIELLE. Allons donc!.. me prenez-vous pour un usurier?

FRÉDÉRIC. Peut-être bien!.. et maintenant... sors!.. laisse-moi seul!..

URIELLE. Non pas, maître... je reste.

FRÉDÉRIC. Et pourquoi?

URIELLE. Parce que je lis dans votre cœur ce qui s'y passe...

FRÉDÉRIC. Mais... sais-tu que c'est fort incommode cela?..

URIELLE, d'un air soumis. Si vous me le défendez... je fermerai les yeux...

FRÉDÉRIC. Et que lis-tu?..

URIELLE. Du trouble... de la tristesse... une vague émotion!..

FRÉDÉRIC. Eh bien!.. tu dis vrai... chaque nuit une vision étrange vient agiter mon sommeil... et quoique le jour la dissipe... son souvenir me poursuit encore malgré moi!..

URIELLE. Ah! contez-moi donc cela, Monseigneur... (Urielle, placée derrière Frédéric, murmure à son oreille le refrain de chaque couplet.)

FRÉDÉRIC.

MÉLODIE.

PREMIER COUPLET.

Dans un rêve délicieux
J'entends une douce harmonie!
Et puis, à mon âme ravie,
Paraît un être vaporeux!
Ange ou femme, dans le délire
Que sa vue excite en mes sens,
A mon oreille elle soupire
Ces mots que sans cesse j'entends:
Un jour, un jour
De ton amour!
Et puis l'éternelle souffrance!
Puis le malheur sans espérance,
Pour un seul jour
De ton amour!..

DEUXIÈME COUPLET.

D'un beau ciel ses yeux ont l'azur!
D'un enfant elle a le sourire,
Et près d'elle sa main m'attire
Par un charme enivrant et pur!
(Examinant de plus près le page.)
Mais mon cœur est-il en délire?
Il retrouve en te regardant
Tout ce que je viens de décrire...
Sans que tu parles... il entend...
Un jour, un jour
De ton amour!..
Et puis l'éternelle souffrance!
Puis le malheur sans espérance,
Pour un seul jour
De ton amour!..

URIELLE, à part. Oh! si j'osais lui dire... si en parlant je ne devais pas le quitter à jamais!..

FRÉDÉRIC, revenant à lui. Mais non... c'est encore une erreur de mes sens... de ma raison troublée par tout ce qui m'arrive!.. une fois, déjà, dans le vieux manoir... j'ai cru trouver une pareille ressemblance avec cette créature... mais, comme alors, je me trompais encore... (A Urielle.) Approche! viens ici!..

URIELLE, tremblante. Me voici, maître...

FRÉDÉRIC, l'examinant. Non, non... les yeux de l'autre sont plus tendres!.. plus doux!.. il n'y brille pas, comme dans les siens... cette flamme infernale!.. et puis, cette taille souple et fine... ces longs cheveux d'ébène... j'étais fou!.. et mon esprit malade et troublé a pu seul trouver de pareils rapports!..

URIELLE, le regardant en dessous. Vous dites, maître?..

FRÉDÉRIC. Je dis que, pour combattre les rêves et les maléfices dans lesquels tu as peut-être ta part... je m'attacherai aux réalités... je songerai à mes anciennes amours... à Phœbée... une femme adorable... avec qui je me suis fort mal conduit!..

URIELLE. Phœbée est une coquette, qui ne vous a jamais dit la vérité!..

FRÉDÉRIC. Qui est-ce qui la dit, dans ce monde?..

URIELLE. Qui ne vous aimait pas...

FRÉDÉRIC. Tu mens!..

URIELLE. Qui ne tenait qu'à votre or...

FRÉDÉRIC. Tu mens!...

URIELLE. Qui vous en préférait d'autres...

FRÉDÉRIC. Tu mens!..

URIELLE. Qui vous trompait avec eux!..

FRÉDÉRIC. Tu mens! te dis-je... par la bouche

de diable !.. et à moins que tu ne me le prouves...

URIELLE. Rien n'est plus facile...

FRÉDÉRIC. Et comment?..

URIELLE. Elle vous dira elle-même ce qu'elle pense de vous... ce qu'elle fait de vous... et ce qu'elle en veut faire... elle se rend en ces lieux; on va vous l'annoncer...

UN VALET, paraissant. La signora Phœbée !... (Il sort.)

FRÉDÉRIC, à Urielle. Il a dit vrai !.. Et comment ce prodige s'accomplira-t-il?

URIELLE, allant prendre le chapeau de Frédéric et le lui mettant dans la main. Voilà celui qui fera ce miracle!

FRÉDÉRIC, stupéfait. Mon chapeau?

URIELLE. Toutes les fois que vous le placerez sur votre tête... votre belle maîtresse vous cachera sa pensée sous des propos menteurs et de fausses tendresses...

FRÉDÉRIC. Après?..

URIELLE, continuant...... Et dès que vous le tiendrez à la main, la vérité s'échappera des lèvres de la traîtresse, sans qu'elle s'en doute et tout en croyant vous tromper encore.

FRÉDÉRIC. Eh bien !.. soit !.. j'accepte cette étrange épreuve... mais si elle réussit, je me déferai de ce chapeau-là... ce serait une coiffure trop effrayante !..

URIELLE, gaiement. Et vous ferez bien, maître !.. car vous ne garderiez avec lui ni maîtresse, ni ami !

SCÈNE V.

LES MÊMES, PHŒBÉE.

PHŒBÉE, à un valet. C'est bien!.. que ma litière attende... je ne resterai que quelques instants dans ce palais!.. (Le valet sort.)

TRIO.

FRÉDÉRIC, voyant entrer Phœbée.
La voilà!

PHŒBÉE.
Me voilà!

URIELLE.
La voilà!

FRÉDÉRIC, désignant Phœbée.
Dieu, quelle tristesse
Paraît dans ses yeux!

PHŒBÉE, à part.
Il a tort, divine maîtresse
Doit être en tous lieux
Un bien précieux!
(A Frédéric, avec douleur.)
Avant de quitter ma patrie,
J'ai voulu venir en ce lieu,
A vous, vous qui m'avez trahie,
Adresser un dernier adieu!

FRÉDÉRIC.
Est-il vrai?

PHŒBÉE.
Pour jamais, adieu!

URIELLE, à part, à Frédéric.
Devant une telle douleur
Découvrez-vous donc, Monseigneur!

PHŒBÉE, éclatant de rire, dès que le comte n'a plus son chapeau sur la tête.
Ah! ah! ah!
J'étouffe de rire!
Mais je prends au mieux
D'un cœur qui soupire
Le ton langoureux!
Les sanglots, les larmes
Bientôt vont venir
Me prêter leurs armes
Pour vous attendrir.

FRÉDÉRIC, à part, se couvrant.
Qu'entends-je? voilà du nouveau!

URIELLE, à part, à Frédéric.
Bravo! bravo! c'est l'effet du chapeau!

PHŒBÉE, avec sentiment, dès que Frédéric est couvert.
Me trahir, moi qui vous adore!
Vous, à mes yeux, noble et si beau!
Si doux! si plein d'esprit!..

FRÉDÉRIC, à part.
Perfide, elle ose encore!

URIELLE, à part, à Frédéric, montrant le chapeau.
Assez de compliments... le chapeau, le chapeau!

PHŒBÉE, même motif que le précédent, au moment où le comte se découvre.
Vous pensez, je gage,
Qu'on vous croit charmant!
Mais votre visage
Est fort déplaisant.
Votre esprit vulgaire!
Vos gestes communs!
Pauvre caractère!..
Puis... je hais les bruns!

FRÉDÉRIC.
Ah! c'est trop fort!..

URIELLE, à part, à Frédéric.
Bravo! bravo!..
Vous voyez l'effet du chapeau!

FRÉDÉRIC, à part, remettant son chapeau, URIELLE.

ENSEMBLE.

Voilà, je le jure,
Un indigne cœur,
Volage et parjure,
Perfide et menteur!..
Croyez donc aux dames,
Crédules amants!
Oui, toutes les femmes
Sont de vrais serpents!

PHŒBÉE.
Douce figure,
Charme trompeur,
Oui, tout rassure
Un tendre cœur.
Croyez aux dames,
Pauvres amants!
Toutes les femmes
Sont des serpents!

URIELLE, montrant Phœbée, avec emphase.
Des femmes, voici le modèle!

FRÉDÉRIC, avec ironie.
Aimante, constante et fidèle!

PHŒBÉE, avec passion.
Oui, fidèle... jusqu'au tombeau!

URIELLE, à Frédéric.
Devant cette vertu modèle,
Seigneur, ôtez votre chapeau!

FRÉDÉRIC, se découvrant.
Ah! ma foi! la plaisanterie
Me plaît, et j'en prends mon parti
O mon chapeau, que je te remercie,
Car tu t'es conduit en ami!

ENSEMBLE.

La bonne folie!

O mon cher chapeau,
Je te remercie
De ce trait nouveau!
Grâce à ta puissance,
On ne peut mentir,
Et l'on sait d'avance
A quoi s'en tenir!..

URIELLE.

La bonne folie!
Si chaque chapeau
Avait dans la vie
Ce pouvoir nouveau!
Dire ce qu'on pense,
Ne pouvoir mentir,
Quelle conscience
Pourrait y tenir!

FRÉDÉRIC, à Phœbée, après avoir remis son chapeau.

C'est fort bien!.. mais sur mon hommage
Ne comptez plus!..

PHOEBÉE.

Dieu! quel langage!

FRÉDÉRIC.

Tout est fini!..

PHOEBÉE.

Je meurs d'effroi.

FRÉDÉRIC.

Ah! c'est plaisant!..

PHOEBÉE.

On rit de moi!

FRÉDÉRIC, riant, et répétant ce que lui a dit Phœbée.

Puis j'ai, ma chère,
Le ton commun!..
L'esprit vulgaire!..
Et je suis brun!..

PHOEBÉE.

Monsieur, par grâce!..

FRÉDÉRIC.

Qu'a-t-elle donc?..

PHOEBÉE.

... Mon sang se glace!

FRÉDÉRIC.

Elle pâlit..

PHOEBÉE.

... Ame de fer!..
De l'air!.. de l'air!..
Je meurs... je meurs!..

FRÉDÉRIC.

La pauvre femme!
La pitié rentre dans mon âme!

PHOEBÉE, sur le canapé.

De l'air! de l'air! de l'air! de l'air!..

FRÉDÉRIC, ôtant son chapeau de sa tête et l'éventant.

En voici!

PHOEBÉE, se relevant et lui riant au nez.

Vraiment... c'est trop drôle!
Mais c'est pour mieux vous attendrir
Que j'ai feint de m'évanouir!

FRÉDÉRIC, riant et se couvrant.

Grand merci de m'en prévenir!

PHOEBÉE, avec sentiment

D'ici je m'en vais satisfaite,
Car j'ai refait votre conquête...

FRÉDÉRIC, avec ironie.

Assurément!.. assurément!..

URIELLE ET FRÉDÉRIC, à part.

Ah! c'est charmant!.. oui, c'est charmant!

PHOEBÉE, à Frédéric, s'éloignant.

Adieu, mon ami! mon amant!..

FRÉDÉRIC, riant.

Adieu, cœur fidèle et constant!

REPRISE DE L'ENSEMBLE.

FRÉDÉRIC, riant.

La bonne folie!
O mon cher chapeau,
Je te remercie
De ce trait nouveau!.. etc.

URIELLE, à part.

La bonne folie!
Si chaque chapeau
Avait dans la vie
Ce pouvoir nouveau... etc.

(Phœbée sort. Frédéric se découvre pour la saluer, et ils éclatent tous trois de rire à la sortie de Phœbée.)

SCÈNE VI.

FRÉDÉRIC, URIELLE.

FRÉDÉRIC, furieux. Quelle fausseté!.. quelle trahison!

URIELLE, se laissant tomber sur un fauteuil, en riant. Consolez-vous, maître!.. il ne manque pas de Phœbées dans ce monde!..

FRÉDÉRIC. Propos de démon!.

URIELLE. Qui connaîtrait les femmes, si ce n'est moi?

FRÉDÉRIC, lui montrant Lilia au fond du jardin. Ah! tu crois cela. Eh bien! j'en connais une, à qui tu peux impunément faire dire la vérité!

URIELLE. Elle! je m'en garderai bien! car je vois d'ici ce qu'elle a dans le cœur!

FRÉDÉRIC. Quoi donc?

URIELLE. C'est le secret du diable!.. mais je peux la séduire... et lui tourner la tête, si bon vous semble.

FRÉDÉRIC. Je t'en défie!..

URIELLE. Je ne vous demande que cinq minutes pour cela!..

FRÉDÉRIC. Un moment... je te défends de lui parler... le diable est trop malin!.. avec une innocente, la partie ne serait plus égale!

URIELLE. Les jeunes filles se prennent autant par les yeux que par les oreilles, maître, et ce serait la première près de qui j'aurais échoué.

FRÉDÉRIC. Ainsi tu es sûr de réussir près de Lilia?..

URIELLE. Jeune... jolie... et pauvre... il faudrait désespérer de notre état, si nous perdions de pareilles pratiques!.. Cachez-vous, Monseigneur, et regardez. (Ils sortent tous deux. Lilia paraît au fond.)

SCÈNE VII.

LILIA, seule, entrant, sa quenouille sous le bras et faisant tourner son fuseau. Il me semble que je fais mal, de venir toute seule ici!.. aussi, je suis entrée dans le parc tout en tournant mon fuseau... et comme par distraction... mais quand j'ai su que M. le comte était au château, je n'ai pu résister à l'espoir de l'apercevoir!... On dirait qu'il y a des siècles, depuis notre dernière entrevue... je l'ai laissé si triste et si malheureux!.. mais, grâce au ciel, il paraît que c'est changé!.. (Examinant tout autour d'elle.) Comme c'est beau ici!.. comme c'est doré!.. (S'approchant d'un fauteuil.) Je n'ose m'asseoir là-dedans... pourtant, je suis bien lasse!.. (S'asseyant.) Dieu! comme on enfonce!.. (Jetant un cri, et se relevant vivement.) Ah!.. que j'ai eu peur!.. j'ai cru voir quelqu'un... là... devant moi... et c'est moi, dans cette grande glace que je n'avais pas remarquée... (Une grande glace s'est tout à coup découverte, au fond de la scène. Se mirant.) Je ne suis pas encore trop mal tournée... tiens!.. voilà que je me fais la révérence... votre servante, Mademoiselle... Ah! bien! qu'est-ce que je vois donc là?.. un jeune homme près de moi... non pas de moi, ici... (Montrant la glace.) mais de moi, là-bas... Est-ce que je rêve?.. (Mettant la main sur ses yeux.) Je n'ose regarder!.. Après tout, je ne cours pas de danger chez mon frère de lait!.. (Découvrant un œil.) Ma fine! j'en risque un!.. (Désignant le page dans la glace.) Ah! le charmant jeune homme!.. comme il a bon air!.. il me trouve jolie!.. il me le dit... Le voilà qui prend ma main... ma main de là-bas!.. il l'embrasse!.. tiens!.. il me semble que j'ai senti son baiser sur celle-ci!.. (Se fâchant.) Allons!.. en voilà assez!.. Monsieur!.. ce petit bonhomme-là me fait peur!..

PREMIER COUPLET.

Gardez vos propos, mon beau page!
Vous voulez rire, je le voi!
Un si tendre et si doux hommage...
C'est pour vous amuser de moi!
Ce n'est pas moi que l'on détourne
Par ce langage décevant!..
(Faisant tourner son fuseau.)
Vos propos... mon fuseau qui tourne,
Autant en emporte le vent!
Tout cela tourne, tourne, tourne,
Tout cela tourne
Au gré du vent!
Car dès que l'on aime,
On sait, en tout temps,
Se garder soi-même
Contre les galants.

DEUXIÈME COUPLET.

LILIA, au page qui lui offre des présents.
Je serais belle comme un ange,
Dites-vous, sous ces vêtements?
Et puis, votre cœur en échange...
Merci, Monsieur, de vos présents!
Un cœur où la vertu séjourne,
Se donne, et jamais ne se vend.
(Faisant tourner son fuseau.)
Vos présents... mon fuseau qui tourne,
Autant en emporte le vent!..
Tout cela tourne, tourne, tourne,
Tout cela tourne
Au gré du vent!
Car, dès que l'on aime,
On doit, en tout temps,
Se garder soi-même
De tous les galants.
(La glace disparaît.)

SCÈNE VIII.

LILIA, FRÉDÉRIC, URIELLE.

FRÉDÉRIC, courant à Lilia, et la pressant sur son cœur.
Chère Lilia!

LILIA.
Monseigneur!..

FRÉDÉRIC.
J'étais là!
Délice ineffable,
Bonheur éternel,
Mon cœur, trop coupable,
Retrouve le ciel...

ENSEMBLE, à trois voix.

URIELLE, à part.
Le dépit m'accable,
Et, destin cruel,
Il faut que le diable
Combatte le ciel.

LILIA.
Délice ineffable,
Bonheur éternel,
Un amour semblable
Ne vient que du ciel.

FRÉDÉRIC.
Délice ineffable,
Bonheur éternel,
Mon cœur, trop coupable,
Retrouve le ciel.
(Avec passion, à Lilia.)
Sage et belle enfant, c'est à toi
Que je donne et mon cœur et ma foi.

REPRISE DE L'ENSEMBLE.

URIELLE, à part.
Le dépit m'accable,
Et, destin cruel, etc.

LILIA.
Délice ineffable,
Bonheur éternel, etc.

FRÉDÉRIC.
Délice ineffable,
Bonheur éternel, etc.

URIELLE, seule, regardant Frédéric s'éloigner et Lilia
Je pourrais appeler l'enfer pour me venger.
(Avec amour et désespoir.)
Mais mon cœur malgré moi viendrait le protéger.
(Urielle sort vivement. — Le théâtre change.)

FIN DU TROISIÈME TABLEAU.

QUATRIÈME TABLEAU.

Un site pittoresque sur le bord de la mer; à gauche de l'acteur, la chaumière de Lilia; au fond, un rocher, sur le haut duquel on voit une petite chapelle dont la porte principale est placée en face du public. On arrive à la chapelle par un large escalier taillé dans le roc.

SCÈNE PREMIÈRE.

(Une barque chargée de pirates aborde la côte. Les pirates en descendent et se répandent sur la côte, qu'ils examinent avec soin.)

BRACACCIO, chef des pirates, à ses gens. Attention, camarades! et puisque le vent pousse ici notre jolie tartane, tâchez de ne pas perdre votre temps!.. je vous livre cette côte... Volez!.. pillez!.. enlevez!.. mais poliment, en honnêtes pirates... Et s'il vous faut jouer du poignard... tuez, en gens qui savent vivre, et montrez-vous dignes de l'illustre Bracaccio, votre chef.

TOUS, ôtant leurs chapeaux. Vive le capitaine!

BRACACCIO. C'est un si bel état que le nôtre!..

PREMIER COUPLET.

Sur les flots toujours courant,
Le pirate est roi de l'onde!
Dans sa griffe d'aigle, il prend
Tous les trésors de ce monde!
Sa tartane, d'un élan,
Peut traverser l'Océan,
Car la mer est sa conquête,
Sa sultane, sa sujette...
Et son maître est le forban!

CHOEUR.

Oui, la mer est sa conquête!
Sa sultane!.. sa sujette!..
Et son maître est le forban!

DEUXIÈME COUPLET.

BRACACCIO.

Du levant jusqu'au couchant,
Fouillant l'Europe et l'Asie,
Le pirate va cherchant
Fin minois, beauté choisie!
Non pas que son cœur d'airain
Se prenne à pareil butin...
Car la femme est sa conquête!
Celle qu'au soir il achète,
Il la revend le matin!

CHOEUR.

La femme est notre conquête!
Celle qu'au soir on achète,
On la revend le matin!

PATERNICK, entrant sans voir les pirates. Mon parti est pris... après la trahison de Goth... je suis décidé à en finir avec la vie! à éteindre, en ma personne, la race des Paternick!.. Le difficile est de trouver le genre de mort le plus agréable...

BRACACCIO, lui mettant un pistolet sous le menton. Voilà!..

PATERNICK, avec effroi. Hein!.. qu'est-ce que c'est que ça?..

BRACACCIO. Ce que vous désirez, mon brave!... Un moyen charmant pour sortir de ce monde!

PATERNICK. Merci!.. je veux mourir sans bruit et sans éclat!..

BRACACCIO. Eh bien! alors, venez avec nous... vous aurez la chance d'être pendu!..

PATERNICK. Ah! ces Messieurs exercent la profession de voleurs?

BRACACCIO. Fi donc!.. pirates, écumeurs de mer... enleveurs de jolies filles, que nous allons revendre aux harems de l'Orient, où l'on est très-friand de cette denrée-là!

PATERNICK. Je le crois bien!... j'ai toujours eu du goût pour l'état de Turc... je suis né Turc!..

BRACACCIO. Faites-vous pirate, alors!... nous sommes tous un peu Turcs, dans notre métier.

PATERNICK. Et ce métier-là est-il bien difficile?..

BRACACCIO. Du tout! ça s'apprend tout seul... on ne voit ici-bas que des gens qui l'exercent!.. procureurs, huissiers... pirates!... marchands, prêteurs, usuriers... pirates!... artistes, auteurs, écrivains... pirates!.. pirates!.. Nous travaillons sur mer, voilà la différence... mais nous pillons tous, plus ou moins, le genre humain... voilà la ressemblance!

PATERNICK. Et je fuirai Goth? et vous m'emmènerez loin d'ici?..

BRACACCIO. Au bout du monde, dans une heure... le temps de renouveler nos vivres, et de faire quelques bons coups, s'ils se présentent...

PATERNICK. Ça me va! sauf les coups, qui ne me vont pas!

BRACACCIO. Mais, avant tout, il faut savoir si votre tête est solide... et nous allons l'essayer à la taverne voisine... Avez-vous de l'argent?..

PATERNICK. J'ai toute ma fortune dans ce portefeuille... la dot de Goth... que je comptais placer à fonds perdus...

BRACACCIO, prenant le portefeuille et le mettant dans sa poche. A fonds perdus?.. j'ai là votre affaire!... venez, venez, mon brave... nous allons vous baptiser pirate avec le meilleur vin de la taverne....

(Bracaccio et les pirates emmènent Paternick.)

SCÈNE II.

URIELLE, entrant avec tristesse et désignant la chaumière de Lilia.

MÉLODIE.

PREMIER COUPLET.

Il est là, près d'une autre belle,
Il est là tout brûlant d'amour,
Et tout ce qu'il ressent pour elle,
Pour lui je l'éprouve en ce jour!
Dans son cœur mon cœur peut tout lire,
Ses transports, ses serments, hélas!
Et, nuit et jour, je peux me dire :
Je l'aime!.. Et lui ne m'aime pas!

DEUXIÈME COUPLET.

Les tourments de la jalousie
Me brisent sous leurs doigts de fer,
Et leurs ardeurs brûlent ma vie
Bien plus que les feux de l'enfer!
En prenant les traits de la femme,
J'ai pris ses passions, hélas!
Et, quand j'en ai l'amour et l'âme,
Je l'aime!.. Et lui ne m'aime pas!

SCÈNE III.

URIELLE, PHŒBÉE, sortant d'une riche litière qui s'arrête au fond.

URIELLE, l'apercevant. Phœbée ici!... au moins, celle-là n'est plus à craindre! mais l'autre?..

PHŒBÉE, à Urielle. Viens çà, beau page!.. j'ai un projet, et tu peux me servir.

URIELLE, saluant avec ironie. C'est un honneur!

PHŒBÉE. Il y aura honneur et profit!.. ton maître m'est revenu plus épris que jamais!..

URIELLE, riant. Vous croyez?

PHŒBÉE. J'en suis sûre, et...

URIELLE. Et comme il est riche... heureux... vous voulez vous unir à lui...

PHŒBÉE. Et c'est toi que je charge de lui apprendre son bonheur.

URIELLE. Inutile!

PHŒBÉE. Pourquoi?

URIELLE. C'est que mon maître a changé d'idée... et qu'en ce moment même il s'apprête à en épouser une autre!..

PHŒBÉE. Impossible!..

URIELLE. Avant une heure il sera l'époux de Lilia, sa sœur de lait.

PHŒBÉE. Il serait vrai! Et ne connais-tu aucun moyen pour empêcher ce mariage?

URIELLE. Aucun! le ciel est plus puissant que l'enfer!..

BRACACCIO, entrant avec ses pirates. Rien de bon pour nous ici, mes enfants..

PHŒBÉE, voyant rentrer les pirates. Quelles sont ces gens?..

URIELLE. D'honnêtes forbans... qui font le métier d'enlever toutes les jolies filles de ces côtes pour les vendre aux pachas de l'Orient!

PHŒBÉE, réfléchissant. Vraiment?

BRACACCIO, aux pirates. Pas un joli corsage à serrer dans nos griffes de vautours!.. en route! et à vos avirons!

PHŒBÉE, s'approchant de Bracaccio. Un instant, s'il vous plaît?..

BRACACCIO, la regardant. Eh! eh!.. voilà qui ferait une sultane fort agréable!

PHŒBÉE. Vous aimez l'or?..

BRACACCIO. Comme ceux qui n'en ont pas!

PHŒBÉE. Les jolies filles?..

BRACACCIO. Comme ceux qui en ont beaucoup!

PHŒBÉE. Je vous donne tous les deux!

BRACACCIO. [illegible]

PHŒBÉE. Une jolie fiancée à enlever!..

BRACACCIO. Avant le mariage?.. ça vaut double!..

PHŒBÉE, continuant. Et cette bourse pleine d'or, si, avant un quart d'heure, elle est loin de ce rivage...

URIELLE, à part. Voilà un projet qui vient de chez nous!..

BRACACCIO, tendant la main pour saisir la bourse. J'accepte.

PHŒBÉE. Pas encore!

BRACACCIO. Où?.. quand?.. et comment?..

PHŒBÉE. Ici même... à la nuit tombante!..

BRACACCIO. Très-bien!..

PHŒBÉE. Tenez-vous en embuscade... je vous montrerai votre proie!..

BRACACCIO. C'est dit!.. nous enlevons gratis... à plus forte raison quand on nous paye bien!

PHŒBÉE. Taisez-vous!.. cachez-vous!.. et attendez!..

BRACACCIO. Je me tais!.. je me cache! et j'attends!.. (Il fait signe aux pirates de s'éloigner.)

PHŒBÉE, à Bracaccio. Inutile, la voici!

URIELLE, à part, indiquant Phœbée. Décidément, cette femme-là est plus diable que moi!.. (Elle se cache en voyant venir Lilia.)

SCÈNE IV.

LES MÊMES, à l'écart; LILIA, sortant de la chaumière en costume de mariée.

LILIA, parlant à la porte de la chaumière. Oui, ma mère, je vais faire ma prière devant la croix du rivage... et j'attendrai là mon fiancé, qui fait tout préparer pour la cérémonie dans l'ermitage...

PHŒBÉE, à Bracaccio. La voilà! c'est elle!

BRACACCIO. C'est bien! (Pendant que Lilia s'avance vers la croix et s'agenouille, on voit les pirates se glisser furtivement autour de la jeune fille. — Le jour commence à baisser. — Bracaccio s'approche de Lilia, sur un geste de Phœbée, qui reparaît au fond et la lui désigne.) Pardon de vous déranger, ma belle enfant... mais nous aurions deux paroles à vous dire...

LILIA, se reculant effrayée. Monsieur!... je ne vous connais pas!..

BRACACCIO. Par saint Gédéon!.. je le sais bien!.. mais c'est pour faire votre connaissance!

LILIA, se reculant avec terreur, et rencontrant d'autres pirates. Au secours!.. ma mère!.. je suis perdue!..

BRACACCIO, désignant la jeune fille aux pirates. Fermez les écoutilles, vous autres!.. il va faire de l'orage! (Les pirates placent un mouchoir sur la bouche de Lilia.)

PHŒBÉE, tirant Bracaccio à part, et lui remettant une bourse. C'est bien!.. voilà ce que je t'ai promis!..

URIELLE, tirant Bracaccio à part, et montrant Phœbée. Combien cette femme te donne-t-elle pour enlever cette jeune fille?

BRACACCIO. Une bourse d'or.

URIELLE. Et moi je t'en donne deux... (Montrant Phœbé.) pour enlever cette femme!

BRACACCIO, prenant les deux bourses que lui présente Urielle et riant. Ah! ah! ah! bravo!.. marché conclu!.. Double affaire, double paye!.. Voilà une bonne journée! (Montrant Lilia aux pirates.) Enlevez celle-ci!.. (Montrant Phœbé à d'autres pirates.) Enlevez celle-là!..

PHOEBÉE, se débattant dans les bras des pirates. Malheureux!.. que faites-vous? A l'aide! au secours!..

BRACACCIO, à ses gens. Allons!.. allons! à bord la cargaison!.. merci, beau page!.. Voilà ce qui s'appelle un coup du ciel!..

URIELLE, riant. Ou du diable!.. Et voici comment, d'un seul coup, on se débarrasse de deux rivales... A nous deux, maintenant, Monseigneur! (Elle sort vivement.)

SCÈNE V.

VASSAUX et VASSALES du comte, entrant, en habit de fête, des fleurs à la main, des rubans aux chapeaux, puis les HOMMES D'ARMES du comte, et tous les VARLETS et PAGES, précédés d'HORTENSIUS.

FINALE.

CHŒUR GÉNÉRAL.

C'est aujourd'hui grand jour de fête!
Varlets, hommes d'armes, vassaux,
Accourez, vos drapeaux en tête,
Fleurs à la main, fleurs aux chapeaux!

VOIX DE FEMMES.

Venez, jeunes filles
Sages et gentilles,
Voir comme, en ce jour,
L'hymen récompense
Candeur, innocence,
Par un tendre amour!

TOUS.

REPRISE.

C'est aujourd'hui grand jour de fête! etc.

FRÉDÉRIC, ressortant de l'ermitage et descendant du rocher.
L'ermite nous attend dans la vieille chapelle;
Tout est prêt...

TOUS.

Vive Monseigneur!

HORTENSIUS, indiquant Frédéric qui se rend à la chaumière de Lilia.
Il va vous présenter l'épouse jeune et belle
Qui doit faire ici son bonheur!

TOUS.

Vive l'épouse jeune et belle
Que choisit ici Monseigneur!

(Reprise du chœur précédent, pendant que Frédéric s'approche de la chaumière de Lilia.)

CHŒUR.

C'est aujourd'hui grand jour de fête! etc.

SCÈNE VI.

(Au moment où Frédéric va frapper à la chaumière, la porte s'ouvre, et Lilia en ressort sous ses habits de fiancée, et voilée comme à la scène précédente. — Thérésine et les compagnes de Lilia suivent la fiancée.)

FRÉDÉRIC, prenant la main de Lilia et la présentant à ses vassaux.

La voici, la vierge charmante
Au front d'ange, à la voix touchante,
A qui le ciel va, dans ce jour,
M'unir d'un éternel amour!

(A Lilia.)

Viens, ma fiancée,
Viens, et sois à moi!
Mon âme est pressée
De t'offrir sa foi!

URIELLE, qui a pris le costume de Lilia, à part, sur l'avant-scène, soulevant son voile, tandis que Frédéric va au fond donner quelques ordres.

Ah! je frémis malgré moi de ma ruse!..
Mais mon amour est mon excuse.
Cet amour si profond que j'ai dû lui donner,
Le ciel, peut-être, ici, va me le pardonner!

FRÉDÉRIC, revenant à Lilia et reprenant le motif.

Viens, ma fiancée,
Viens, et sois à moi!
Mon âme est pressée
De t'offrir sa foi!

(On entend l'orgue dans la chapelle.)

CHŒUR.

A ces accords pieux
Joignons notre prière,
Que nos chants de la terre
Montent jusques aux cieux!

(Frédéric, donnant la main à la fausse Lilia, se met en marche vers la chapelle, suivi d'Hortensius, de Thérésine et des filles d'honneur de la mariée; pendant ce temps, tous les vassaux s'agenouillent sur la place et sur les marches taillées dans le roc, et l'on entend dans la chapelle un chœur de voix blanches, sans accompagnement.)

CHŒUR DE VOIX BLANCHES.

Seigneur, bénissez leurs amours!
Seigneur, qu'une douce harmonie
Leur donne, ici-bas, dans la vie,
Des jours heureux et de longs jours!

(En entendant ces chants religieux, Urielle semble éprouver de l'hésitation à gravir les marches du rocher.)

FRÉDÉRIC, surpris, et l'attirant vers la chapelle.

Viens, ma fiancée!
Viens, et sois à moi!..

. . . .

(L'orchestre achève le motif du chant : à ce moment la chapelle s'ouvre, et l'on voit l'ermite paraître sur le seuil de la porte, attendant les fiancés; deux enfants de chœur portent des cierges, aux côtés du prêtre; le chœur des vassaux s'unit alors à celui des voix blanches, dans un grand ensemble.)

CHŒUR GÉNÉRAL.

Seigneur, bénissez leurs amours!
Seigneur, qu'une douce harmonie
Leur donne, ici-bas, dans la vie,
Des jours heureux et de longs jours!

(Le tonnerre, qui s'est fait sourdement entendre pendant le chœur précédent, gronde alors avec plus de force.)

FRÉDÉRIC, à Lilia, qui, prête à franchir les dernières marches, redouble d'hésitation.

Quoi! ta main tremble dans la mienne?

(Le tonnerre augmente.)

Pour monter à l'autel, faut-il qu'on te soutienne?

CHŒUR, animé, désignant le prêtre qui se recule, à mesure qu'Urielle approche, au milieu de l'orage.

Quel bruit! quel orage!
Le prêtre, en ce lieu,
Change de visage
Sous la voix de Dieu.

(Frédéric a fait monter, presque de force, Urielle, jusqu'à la chapelle; tout à coup les cierges s'éteignent, le prêtre est rejeté dans la chapelle comme par une force invincible :

les portes du temple se referment avec fracas; la foudre éclate et vient frapper Urielle, qui tombe inanimée dans les bras de Frédéric.)

REPRISE DU CHŒUR.

Quel bruit! quel orage!
La mort, en ce lieu,
Rompt ce mariage
Par la voix de Dieu!

FRÉDÉRIC, qui a descendu précipitamment les marches du rocher, soutenant Urielle, et après l'avoir placée sur un banc de gazon.

O désespoir affreux!..
(Levant le voile d'Urielle, et jetant un cri d'effroi.)
Horreur!.. damnation!
Ce n'est pas elle!.. et le démon
A pris sa place!..

LE CHOEUR, se reculant, épouvanté.

Horreur! damnation!

FRÉDÉRIC, avec désespoir.

Lilia! Lilia! qu'est-elle devenue?
En ce jour, si je l'ai perdue,
Mon Dieu! je n'ai plus qu'à mourir!
O douleur extrême!
Dieu! que devenir?
De celle que j'aime
Quel est l'avenir?
Ah! l'effroi me glace...
(A ses vassaux.)
Sauvez mes amours!..
Sauvez-la, par grâce,
Au prix de mes jours!

THÉRÉSINE. Ma fille, mon enfant!

CHŒUR, répétant.

O douleur extrême!
Dieu! que devenir?..
De celle qu'il aime
Quel est l'avenir?
Ah! l'effroi nous glace!
Au prix de nos jours,
Oh! mon Dieu! par grâce,
Sauvez ses amours!

HORTENSIUS, entrant et parlant. Monseigneur... Monseigneur... une jeune fille enlevée de ces lieux par des pirates... leur vaisseau vient à peine de quitter le port.

FRÉDÉRIC, aux hommes qui l'entourent.

C'est elle, mes amis!.. à ces fils de l'enfer
Arrachons-la, courons... à la mer! à la mer!

CHŒUR.

A la mer!.. à la mer!..
Sauvons-la, sauvons-la de ces fils de l'enfer!

(Hortensius, Thérésine et toutes les femmes parcourent le rivage, tandis que les hommes, des torches à la main, apprêtent leurs barques, sous les ordres de Frédéric.)

REPRISE GÉNÉRALE DU CHŒUR PRÉCÉDENT.

(Très-animé.)

O douleur extrême!
Dieu! que devenir?
Pour celle qu'il aime
Affreux avenir!
Ah! l'effroi nous glace!
Sauvez ses amours!
Seigneur, à sa place,
Prenez tous nos jours.

FRÉDÉRIC, à ses vassaux.

A la mer! à la mer!
Amis, tous à la mer!
Arrachons mes amours à ces fils de l'enfer!
Et mes jours, mes trésors sont à vous!

TOUS, courant à leurs barques.

A la mer!
A la mer!.. à la mer!.. à la mer!
A la mer!

(Hortensius, Thérésine et les femmes sont à genoux, les bras levés au ciel; les hommes s'élancent dans leurs barques et quittent le rivage, et, pendant ce temps, le banc sur lequel Frédéric a placé Urielle s'abîme sous terre, au milieu des flammes. — Tableau général.)

FIN DU DEUXIÈME ACTE.

ACTE TROISIÈME.

CINQUIÈME TABLEAU.

Le théâtre représente un cimetière de village, très-éclairé par une lampe pâle et sombre; une grande figure enveloppée d'un manteau noir est appuyée sur une tombe; on entend sonner lugubrement minuit à l'horloge voisine.

SCÈNE PREMIÈRE.

CHŒUR SOUTERRAIN.

A minuit!
A minuit!
Le mort s'agite sous sa pierre,
Car aux morts appartient la nuit!
Et tout s'éveille au cimetière
A minuit!
A minuit!

(Un rayon de lune vient frapper sur la grande figure mystérieuse, et l'on reconnaît Belzébuth.)

BELZÉBUTH.

Restez dans vos linceuls funèbres!..
Morts, n'apparaissez pas ici!..
C'est une fille des ténèbres
Que ma voix évoque aujourd'hui!

REPRISE DU CHŒUR SOUTERRAIN.

A minuit!
A minuit!
Le mort s'agite sous sa pierre,
Car aux morts appartient la nuit!
Et tout s'éveille au cimetière
A minuit!
A minuit!

BELZÉBUTH.

Devant ton juge, Urielle, apparais!.. Je le veux!
(La terre s'entr'ouvre et Urielle en sort, sur le banc où elle a disparu.)
Vous, filles des enfers, accourez en ces lieux!
(Une clarté fantastique se répand sur la scène, et plusieurs groupes de démons féminins, enveloppés de longs suaires, viennent entourer Belzébuth.)

BELZÉBUTH.

AIR.

Reprends la vie et l'âme,
Urielle, pour souffrir!
Car, en toi, c'est la femme
Qu'ici je veux punir!

URIELLE, se prosternant à ses pieds.

Maître, pardon!..

BELZÉBUTH.

Rien ne peut me fléchir!..
Viens çà, messagère,
A toi j'ai donné
Mon pouvoir sur terre,
Pour faire un damné!..
Tout l'aspect d'un ange!
Tout!.. moins sa vertu...
Réponds... en échange,
Que m'apportes-tu?

URIELLE, courbée devant Belzébuth.

Rien encor...

BELZÉBUTH.

Je le sais!.. grâce à ta sotte flamme!..
(Aux filles de l'enfer, avec ironie, montrant Urielle.)
Elle a, pour un mortel, un bel amour de femme!
(Avec mépris.)
Elle aime, et n'a pas su séduire!..
Ce front aussi pur qu'un beau ciel,
Cette bouche où l'amour respire,
N'ont pu triompher d'un mortel!
(Aux démons.)
A vous, mes filles, cette proie!
(Montrant Urielle.)
A vous ses charmes superflus!
Que l'enfer se livre à la joie,
Il attend une âme de plus!

CHŒUR.

A nous, sœurs, à nous cette proie!
A nous ses charmes superflus!
Que l'enfer se livre à la joie,
Il est sûr d'une âme de plus!

BELZÉBUTH, à Urielle, reprenant le premier motif de l'air.

Garde la vie et l'âme,
Urielle, pour souffrir,
Car, en toi, c'est la femme
Qu'ici je veux punir.

URIELLE, à Belzébuth, se relevant avec fierté.

Tu ne puniras pas!..
(A ses compagnes.)
Et vous, je vous défie!
(A Belzébuth.)
Oui, je le jure ici, par ton sceptre de fer,
Si je ne puis avoir son âme en cette vie
Je l'aurai du moins dans l'enfer!

BELZÉBUTH.

Pars donc!.. Dans trente jours je t'attends avec lui!

URIELLE.

Dans trente jours je te l'amène ici.

REPRISE GÉNÉRALE DE L'ENSEMBLE.

A nous, sœurs, à nous cette proie!
Les mortels par nous sont perdus.
Que l'enfer se livre à la joie,
Il est sûr d'une âme de plus.

(Belzébuth s'enfonce sous terre, les filles de l'enfer disparaissent derrière les tombes, et Urielle est enlevée dans les airs. — Le théâtre change.)

SIXIÈME TABLEAU.

Le théâtre représente le grand marché de Tunis : à droite, un caravansérail ; au fond, une colonnade orientale au travers de laquelle on aperçoit la mer.

SCÈNE PREMIÈRE.

BRACACCIO, sortant du caravansérail, suivi de quelques PIRATES.

BRACACCIO. Voilà notre captive en sûreté dans le caravansérail!.. La campagne a été bonne, camarades, malgré quelques coups de canon échangés avec ce gentilhomme qui poursuivait sa fiancée, et qui a tiré sa poudre aux moineaux!.. Vive notre bonne ville de Tunis!.. la ville des forbans!.. Nous trouverons un bon prix de la jeune esclave qui nous reste. Quant à l'autre, cette honnête créature qui m'avait vendu sa compagne, je l'ai cédée en débarquant à un ancien cadi qui cherchait une colombe pour le plumer dans ses vieux jours!.. Et maintenant, faites venir les deux esclaves mâles... une pauvre marchandise, ceux-là!..

UN PIRATE. Les voici, maître.

SCÈNE II.

LES MÊMES, HORTENSIUS et PATERNICK, habillés en Algériens, et conduits par des pirates.

HORTENSIUS, aux pirates qui le font avancer. Ah çà! voulez-vous bien ne pas me maltraiter ainsi, misérables!..

BRACACCIO. Silence! le vieux... ou gare la bastonnade!

PATERNICK, pleurant. Ah! Goth! Goth! pourquoi t'ai-je quittée pour me faire pirate!..

BRACACCIO. Silence! le jeune... ou gare le fouet!

PATERNICK, se révoltant. Le fouet? par exemple!.. j'ai passé l'âge...

BRACACCIO. Il n'y a pas d'âge pour les bonnes choses.

HORTENSIUS, montrant Bracaccio. Voilà un scélérat!.. Au plus fort du combat que mon élève, le comte Frédéric, livrait à ces bandits pour leur arracher sa fiancée.. je tombe à la mer... Tout à coup, je me sens harponné comme un requin!.. et quand j'ouvre les yeux, je me retrouve dans les griffes de ces brigands, qui fuyaient à toutes voiles, emportant la pauvre Lilia et le malheureux docteur Hortensius!

BRACACCIO. Prisonnier de guerre... c'est de droit.

PATERNICK. Oui, c'est de droit!.. mais moi, que vous avez engagé comme pirate, et que vous allez vendre comme esclave, après m'avoir pris mon argent... voilà une déception!..

BRACACCIO. Plains-toi donc!.. tu as été bien logé, bien nourri... et tu n'es bon à rien.

PATERNICK. Alors, laissez-moi retourner vers Goth, et revoir ma patrie?..

BRACACCIO. Du tout! vous serez vendus tous deux au marché qui va s'ouvrir... et j'ai grand'peur que cela ne soit pas cher!..

HORTENSIUS. Vendu comme un vil quadrupède!.. Passe pour cet imbécile... mais moi, un savant! que ferais-je parmi ces barbares?..

BRACACCIO. J'ai une profession pour toi!..

HORTENSIUS. Laquelle, scélérat?

BRACACCIO. Gardien d'un harem!.. juste ton affaire... à peu de chose près!

HORTENSIUS, indigné. Comment, à peu de chose près!.. Mais, je m'y refuse!.. Je ne veux pas de cet état-là!

BRACACCIO. Bah! l'on se fait à tout... (A Paternick.) Et quant à toi, nous te vendrons comme jongleur indien... Et tu n'auras pas plus tôt avalé quelques lames de sabre et une douzaine de serpents...

PATERNICK, avec effroi. Quelle horrible nourriture, grand Dieu!

BRACACCIO. Mais rassurez-vous... si je ne trouve pas à me défaire de vous à Tunis, comme il n'y a jamais chez nous de bouches inutiles...

HORTENSIUS ET PATERNICK. Nous serons libres?

BRACACCIO. Comme le poisson dans l'eau... Deux sacs!.. une pierre au cou! et la mer pour baignoire!..

HORTENSIUS. Infâme forban!

PATERNICK. Brigand!

HORTENSIUS. Assassin!

PATERNICK. Pirate!

BRACACCIO. Ah! nous insultons notre petit maître!.. Ah! nous nous révoltons... Au fait!.. comme je ne tirerai rien de vous... j'aime mieux en finir tout de suite!.. (A ses pirates.) Allons, vous autres, remettez ces Messieurs dans la chaloupe, et une fois en pleine mer...

PATERNICK. Grâce!.. pitié!

HORTENSIUS, se débattant. La vie, misérable!.. Tu me laisseras au moins la vie?

BRACACCIO. Ah! vous y tenez? Eh bien! soit! Je vous fais grâce... mais à une condition, que je vais dire à chacun de vous en particulier.

HORTENSIUS. J'accepte tout... Je suis trop jeune pour mourir.

PATERNICK. Et qu'est-ce que je dirai donc, moi?

BRACACCIO, à Hortensius, à part, lui donnant un bambou et lui montrant Paternick. Prends ce bambou... administres-en trente coups à ce drôle... et la vie est à toi!

HORTENSIUS. Diable!.. mais s'il est le plus fort?

BRACACCIO. Aimes-tu mieux le plongeon?

HORTENSIUS, à part. Non, non... pas de plongeon... Je me risque!..

BRACACCIO, à Paternick, lui donnant un bambou et lui montrant Hortensius. Prends ce bambou!.. administres-en trente bons coups à ce bonhomme de savant... et tu as la vie sauve!

PATERNICK. Avec plaisir!.. quoiqu'il soit encore très-bien conservé pour son âge... mais en s'y prenant adroitement...

BRACACCIO, aux pirates qui se sont assis et fument sur les marches du caravansérail pendant la scène précédente. Attention!.. vous autres... nous allons rire!..

HORTENSIUS, à part. Apollon! dieu des savants, protége-moi!..

PATERNICK, à part. Après tout, le docteur ne me traitait pas déjà si bien au château... et je ne suis pas fâché de prendre ma revanche...

HORTENSIUS, regardant Paternick en dessous, et cachant son bambou derrière lui. Pauvre garçon!.. s'il savait!..

PATERNICK, de même. Pauvre docteur!.. s'il se doutait!..

HORTENSIUS. Approche-toi, mon ami... Je veux te donner des preuves de mon affection... des preuves frappantes...

PATERNICK. Comme ça se trouve!.. il ne m'a jamais semblé si bon...

HORTENSIUS, approchant toujours. C'est que je t'aime bien, mon petit Paternick!..

PATERNICK, de même. Moi aussi, monsieur le docteur...

HORTENSIUS, lui tendant la main. Allons, donne-moi la main... La... très-bien... Je te tiens, maintenant!..

PATERNICK, lui prenant la main. C'est ça... tenons-nous bien!

HORTENSIUS. Ne m'en veux pas, mon garçon... il s'agit de ma vie!..

PATERNICK. C'est comme moi!..

HORTENSIUS, le battant. Trente coups de bambou...

PATERNICK, de même. C'est comme moi!..

HORTENSIUS. Lui aussi!.. Ah! misérable!.. tu m'assommes!..

PATERNICK. C'est comme moi!

HORTENSIUS. A l'aide!.. au secours!.. à la garde!

BRACACCIO ET LES PIRATES, riant. Bravo!.. de mieux en mieux!..

PATERNICK. J'ai le bras cassé!..

HORTENSIUS. J'ai le dos rompu!

SCÈNE III.

LES MÊMES, FRÉDÉRIC, arrivant au milieu de la place, suivi de quelques marins.

FRÉDÉRIC. Quel bruit!.. et que se passe-t-il donc ici?

HORTENSIUS. O ciel!.. que vois-je?..

PATERNICK. Mon maître!..

HORTENSIUS. Mon élève!..

FRÉDÉRIC, surpris. Mon gouverneur!

PATERNICK. Arrachez-nous à ces tigres!..

BRACACCIO. Ne les écoutez pas, noble étranger,

ce sont deux esclaves qui causent à coups de bâton...

HORTENSIUS, montrant Bracaccio. C'est ce misérable qui vous a ravi votre fiancée!..

FRÉDÉRIC, à Bracaccio. Toi, bandit?.. j'ai donc bien fait de te poursuivre jusqu'ici!.. (Il met l'épée à la main.)

BRACACCIO. Tout beau, Monseigneur, l'épée ne signifie rien chez nous!.. C'est l'or qui fait tout!.. vous êtes à Tunis, dans la patrie des corsaires, où tout est de bonne prise, et où l'on ne rend rien!

FRÉDÉRIC. C'est ce que nous verrons!.. il y a une justice dans cette ville!

BRACACCIO. Certainement!.. une justice de corsaires... la seule qu'on rende ici. Ah! c'est un bon pays que le nôtre!

FRÉDÉRIC. Un pays de voleurs!

BRACACCIO. Juste ce que je voulais dire!.. et s'il est vrai qu'on vous ait volé votre fiancée, vous pourrez la revoir et même la racheter, sur cette place, à prix d'or, si bon vous semble... voilà l'heure de la vente qui sonne à tous les minarets de la ville. (On entend différentes cloches et la ritournelle du chœur suivant.)

FRÉDÉRIC. Lilia, ma fiancée, vendue par ces misérables! ah! je cours chez le juge, le cadi!.. et si je connaissais sa demeure,..

BRACACCIO. Voilà sa maison, jeune étranger... trop heureux de vous l'indiquer!

HORTENSIUS ET PATERNICK. Monseigneur, ne nous abandonnez pas!.. rachetez-nous!..

FRÉDÉRIC, à Bracaccio. Combien en veux-tu?

BRACACCIO. Cent sequins... juste le prix d'un âne et d'un dromadaire!

FRÉDÉRIC, sortant. Les voici... et quant à Lilia, je l'arracherai de tes mains à tout prix!

HORTENSIUS, suivant Frédéric. Un savant... payé comme un dromadaire!..

PATERNICK, suivant Hortensius. Non pas... comme un âne... docteur!.. Il l'a dit!..

SCÈNE IV.

BRACACCIO, LES PIRATES, MARCHANDS, JONGLEURS, MARINS, ESCLAVES, CARAVANES, ALMÉES, HABITANTS DE TUNIS, accourant de tous côtés.

MORCEAU D'ENSEMBLE.

CHŒUR.

Tunis! Tunis!
Tunis! Tunis!
Ville sans pareilles!
Ville des merveilles!
Tunis! Tunis!
Tunis! Tunis!
C'est le paradis
Que nous a promis
Le dieu des houris!..
Des almées
Tout armées
De deux yeux
Pleins de feux!
Des jongleurs,
Des vendeurs
De tissus
De l'Indus
Et du Gange!
En échange
De son or,
Dont trésor,
La captive
Que, craintive,
Le marchand
Montre et vend!
Ici tout abonde!
Les peuples du monde
Sont tous réunis
A Tunis!

SCÈNE V.

(Pendant le chœur, on voit Bracaccio sortir du caravansérail, ramenant Lilia couverte d'un voile. Il la fait monter sur une estrade.)

BRACACCIO, enlevant le voile qui couvre sa captive.

Messeigneurs, à vos yeux j'offre cette merveille,
Étoile de beauté qui n'a pas sa pareille!

FRÉDÉRIC, accourant, et jetant un cri en voyant Lilia.

C'est toi! c'est toi! l'idole de mon cœur!

LILIA.

Qu'ai-je vu, Monseigneur!.. Ah! je meurs de bonheur!

BRACACCIO, se jetant entre Frédéric et Lilia.

Cette esclave est à moi!.. Retirez-vous d'ici!

CHŒUR DU PEUPLE.

Il a raison!.. Cette esclave est à lui!

FRÉDÉRIC, au peuple.

Ce brigand, ce bandit, cet infâme corsaire,
Mes amis, m'enleva la femme qui m'est chère!

BRACACCIO.

Par Mahomet! cette esclave est à moi!

CHŒUR DU PEUPLE.

Payez-la-lui!.. C'est la loi!.. c'est la loi!

ENSEMBLE.

FRÉDÉRIC.

O douleur amère
Qui me navre, hélas!
Celle qui m'est chère,
Ou bien le trépas!
Ma rage impuissante
Ne peut les punir;
Je la vois mourante
Sans la leur ravir!

LILIA.

O douleur amère
Qui me navre, hélas!
Ah! mon cœur préfère
Cent fois le trépas!
Son âme impuissante
Ne peut leur ravir
Une pauvre amante
Qui se sent mourir!

BRACACCIO ET LE CHŒUR.

Ah! la bonne affaire!
Vive du corsaire
Les joyeux ébats!
Vendre une innocente
Vaut mieux, je m'en / il s'en vante,
Que trente combats!

FRÉDÉRIC, à Bracaccio.

Eh bien! qu'en veux-tu donc?.. Réponds, je te l'achète

BRACACCIO, *faisant sortir Lilia.*
Elle est au plus offrant!.. et j'aperçois venir
Quelqu'un qui fera cette emplète!..
(*On entend une marche orientale.*)
CHŒUR.
Écoutez! écoutez!.. c'est le premier vizir!

SCÈNE VI.

LES MÊMES, UN VIEILLARD, *paraissant entouré d'esclaves et porté sur un palaquin précédé d'un eunuque.*

VOIX DE L'EUNUQUE.
Allah! allah! pour notre grand vizir!
TOUS, *se prosternant.*
Allah! allah! pour notre grand vizir!
BRACACCIO, *à Frédéric, lui montrant le grand vizir.*
Le vizir paye cher les femmes qu'il désire
FRÉDÉRIC, *à Hortensius.*
Faites venir ici tout l'or de mon navire!..
(*Le grand vizir s'assied sur des coussins, et les marchands font passer devant lui toutes leurs esclaves, qui dansent, et que le vizir refuse tour à tour.*)
BALLET.
BRACACCIO, *après le ballet, ramenant Lilia, qu'il montre au grand vizir, et reprenant le motif du commencement.*
Monseigneur, à vos yeux j'offre cette merveille,
Étoile de beauté qui n'a pas sa pareille!
(*Le vizir la regarde, et fait signe à ses esclaves de jeter sur le tapis un sac de sequins.*)
BRACACCIO.
Mille sequins!.. cela promet vraiment!
FRÉDÉRIC, *à Paternick et à Hortensius, leur désignant un coffre plein d'or.*
Donnez-en deux mille, à l'instant!
BRACACCIO.
Quatre mille pour le vizir!
FRÉDÉRIC.
Six mille, alors... Je brûle d'en finir!
BRACACCIO, *montrant les sacs d'or que fait jeter le vizir à ses pieds.*
Vingt mille sequins!.. ma fortune
Ici sera faite d'un coup!
LILIA.
Ah! je frémis!..
FRÉDÉRIC, *à Lilia.*
Pas de crainte importune!..
Trente mille donc!..
HORTENSIUS.
C'est beaucoup!
FRÉDÉRIC, *avec passion.*
Eh! qu'importe cet or! je donnerais ma vie
Pour la sauver!..
HORTENSIUS, *bas, à Frédéric.*
Mais la somme est finie!..
Le coffre est vide!
FRÉDÉRIC.
O ciel!
BRACACCIO, *comptant les nouveaux écus d'or du vizir.*
A cent mille sequins!
FRÉDÉRIC.
O désespoir!.. ô barbares destins!
BRACACCIO, *à Frédéric.*
Vous ne luttez plus?.. Sa Hautesse
Peut donc emmener sa maîtresse?
FRÉDÉRIC, *hors de lui.*
Je n'ai plus rien!.. Si fait... mon navire est à toi!
BRACACCIO.
Un beau navire, sur ma foi!
(*Lui montrant un écrin plein de pierreries que lui offre le vizir.*)
Mais voyez donc quelle richesse!
Ces perles, ces rubis valent bien plus que lui!
FRÉDÉRIC.
Ah! malheureux! que devenir ici?

REPRISE DE L'ENSEMBLE.

FRÉDÉRIC.
O douleur amère
Qui me navre, hélas!
Celle qui m'est chère,
Ou bien le trépas!
Ma rage impuissante
Ne peut les punir,
Je la vois mourante
Sans la leur ravir!
LILIA.
O douleur amère
Qui me navre, hélas!
Ah! mon cœur préfère
Cent fois le trépas!
Son âme impuissante
Ne peut leur ravir
Une pauvre amante
Qui se sent mourir!
BRACACCIO ET LE CHŒUR.
Ah! la bonne affaire!
Vive du corsaire
Les joyeux ébats!
Vendre une innocente
Vaut mieux, je m'en / il s'en vante,
Que trente combats!
BRACACCIO, *au vizir, montrant Lilia.*
Marché conclu! votre or contre la femme!
(*Sur un signe du vizir, ses esclaves entourent Lilia qui se trouve mal et qu'ils emportent dans leurs bras, suivis de leur maître.*)
FRÉDÉRIC, *avec désespoir.*
Pour la leur arracher, je donnerais mon âme!
URIELLE, *sortant tout à coup d'un pilier et paraissant à côté de Frédéric, enveloppée d'un long bournous.*
Je la prends!..
FRÉDÉRIC.
Qu'ai-je vu, sous ce costume étrange?
Mon page... le démon!
URIELLE.
Dis plutôt ton bon ange!
A ton amour je puis rendre ta Lilia,
Si tu veux signer en échange
Le pacte que voilà!
FRÉDÉRIC.
A quoi m'engage-t-il?
URIELLE, *d'un ton solennel.*
A me livrer ton âme
Dans trente jours à me suivre en enfer!
FRÉDÉRIC, *avec horreur.*
Jamais!..
URIELLE, *avec ironie.*
... Ce beau propos inspiré par la flamme,
C'était donc un propos en l'air?
FRÉDÉRIC.
Être à jamais damné, maudit...
URIELLE, *le pressant.*
Ou perdre celle
Que tu dis adorer... Tiens, écoute, c'est elle
Qu'en son harem emmène le vizir!
(*On entend de nouveau la marche sur laquelle est entré le vizir et l'on voit le commencement de son cortége traverser au fond.*)
FRÉDÉRIC, *montrant Lilia au démon.*
Et tu peux à l'instant, ici, la lui ravir?
URIELLE.
Je le peux!..
FRÉDÉRIC, *lui arrachant le pacte et le signant.*
Donne donc!.. et de mon sang je signe

Ce pacte affreux, ce pacte indigne!
Mais mon amour est le plus fort!

URIELLE, reprenant le pacte et montrant Frédéric. Pour jamais à son sort j'unis enfin mon sort!

(On entend éclater des rires infernaux comme à l'air de Belzébuth, au premier acte; à ce moment paraît le vizir, marchant à côté du palanquin qui renferme Lilia.)

URIELLE laisse tomber son bournous, et paraît dans un riche costume oriental.

AIR.

La sultane Validé,
Aux doux yeux de gazelle,
Rend son maître le dey
Toujours plus épris d'elle!
(Le vizir paraît au fond.)
Elle tient tout le sérail
Sous sa main souveraine;
Et son sceptre de reine
Est un simple éventail.
(Le vizir s'arrête et la regarde.)
Mais le dey, je l'atteste,
N'est époux que de nom,
C'est bien peu; pour le reste,
La belle lui dit : Non!
Ah! ah! la sultane Validé
Se rit ainsi du pauvre dey,
Tout plein d'espérance.

(Le vizir joue en pantomime tout ce que dit Urielle dans son chant.)

Le vieillard s'avance,
Admirant tout bas
Ce qu'il n'aura pas :
Une taille fine,
Une main mutine,
Un œil agaçant,
Le pied d'un enfant ;
Mais, sous son long voile,
Validé se voile,
Se riant des feux
Du vieil amoureux!
Il prie, il supplie,
L'amour, pour sa vie!
L'amour... à quoi bon!
Avec un barbon.
Alors, il menace,
Puis demande grâce :
Non, mon bel époux,
On n'a rien pour vous.

(Au vizir, qui tombe à ses pieds, lui montrant Lilia.)

Eh quoi! vous m'offrez votre ardeur,
Lorsque cette autre a votre cœur?
Donnez votre esclave nouvelle
En échange d'une autre belle,
Peut-être l'on vous aimera,
Puis à vous l'on se donnera.

(Le vizir hésite, puis fait mine de remmener Lilia; mais Urielle reprend le chant; le vizir s'arrête et la regarde avec amour.)

La sultane Validé,
Aux doux yeux de gazelle, etc.

(Sur la fin de l'air, le vizir fait signe à Urielle qu'il accepte l'échange; il rend Lilia à Frédéric, et vient tomber aux pieds d'Urielle avec passion.)

HORTENSIUS, accourant après l'air, suivi de Paternick, parlant. Monseigneur, tout est prêt, le navire vous attend.

FRÉDÉRIC, reprenant le chant.

Partons!.. rejoignons le navire,
Le sort,
Grâce à l'amour, va nous conduire
Au port.

LILIA, HORTENSIUS, PATERNICK, CHOEUR DE MATELOTS.

Partons!.. rejoignons le navire.
Le sort,
Grâce à l'amour, va les conduire
Au port!

(Ils s'éloignent sur la ritournelle du chœur; la marche orientale reprend brillamment; le vizir fait monter Urielle dans le palanquin et marche auprès d'elle; Urielle est couchée sur les coussins du palanquin, mais au moment où le palanquin passe devant le spectateur, Urielle disparaît; les rires infernaux éclatent de nouveau sous terre, et le vizir s'arrête stupéfait, ainsi que son cortège, en s'apercevant de la disparition d'Urielle. — Tableau général.)

FIN DU TROISIÈME ACTE.

ACTE QUATRIÈME.

SEPTIÈME TABLEAU.

Le théâtre représente la chambre principale de la chaumière de Lilia : portes latérales, une porte au fond cachée sous une portière de tapisserie, une fenêtre basse.

SCÈNE PREMIÈRE.

GOTH, entrant, portant des fleurs, suivie de PATERNICK.

GOTH, plaçant les fleurs dans un vase. Voilà des fleurs pour parer la chambre de la fiancée au retour de la *cérémonie*.

PATERNICK. Où se rendront tantôt Monseigneur et mademoiselle Lilia, présentement chez le tabellion, où ils signent leur contrat.

GOTH. Et à minuit, le mariage à la chapelle du village... Est-elle heureuse, mademoiselle Lilia!.. une simple paysanne, épouser un comte!.. un beau et grand seigneur comme Monseigneur!

PATERNICK. Il ne faut pas le lui reprocher, Goth... ils ont eu assez de désagréments avant d'arriver à ce bonheur-là!.. Il y a aujourd'hui trente jours, qu'un affreux grand vizir était au moment de faire sa sultane favorite de la fiancée de notre maître; et sans une honnête créature de bayadère qui s'est trouvée là, juste à point pour lui souffler sa proie, elle serait à cette heure la deux cent dix-neuvième épouse de ce vieux Turc!.. Et moi donc, Goth, qui étais menacé d'avaler des serpents!..

GOTH. Tant mieux!.. j'aurais voulu qu'ils vous eussent étranglé, pour vous apprendre à m'accuser, à me soupçonner!..

PATERNICK. Les voyages forment la jeunesse, Goth!.. d'ailleurs, je reviens du pays des croyants... et je croirai maintenant tout ce que tu voudras!..

GOTH. A la bonne heure!.. A cette condition-là je vous épouse... et je vous annonce une bonne nouvelle... une fortune... Apprends donc, mon petit Paternick, que j'ai dix dots!..

PATERNICK, stupéfait. Dix dots?..

GOTH. Oui, Monsieur, dix dots, que m'ont données en votre absence dix des amis de not' maître... comme prix de vertu!..

PATERNICK. Dix prix de vertu pour une femme seule!.. Je ne croyais pas que la vertu se payât si cher...

GOTH. Taisez-vous! j'entends les fiancés qui reviennent ici!.. Comme elle sera jolie, mademoiselle Lilia, avec son bouquet de fleurs d'orange!.. Mais, je suis tranquille, ça m'ira aussi bien qu'à elle!..

PATERNICK, d'un air de doute. Tu crois?..

GOTH. J'en suis sûre, tu verras!

SCÈNE II.

LES MÊMES, FRÉDÉRIC, LILIA, HORTENSIUS.

FRÉDÉRIC, parlant aux paysans qui l'accompagnent. Merci, mes amis, merci de vos vœux, de vos hommages .. Demain, fête au château, fête dans la chaumière!.. fête partout!..

HORTENSIUS. Enfin, vous voilà mariés, et ce n'est pas sans peine!..

FRÉDÉRIC. Mariés!.. pas encore, mon sage gouverneur, fiancés seulement... et, dans une heure, à minuit, nous irons à l'autel, ma chère Lilia et moi!..

LILIA, à Frédéric. Je ne sais pourquoi, mais j'ai peur... il me semble que minuit n'arrivera jamais!.. que cette heure-là nous sera fatale!..

FRÉDÉRIC. Et qui pourrait s'opposer à notre bonheur, chère Lilia?.. Le ciel ne nous a-t-il pas assez éprouvés?..

HORTENSIUS. Certainement!... Et quant à l'enfer, le diable n'est pas toujours à la porte des pauvres gens!..

FRÉDÉRIC, avec terreur. Taisez-vous, docteur... taisez-vous!.. ne prononcez pas ce nom-là ici!

LILIA, à Frédéric. Qu'avez-vous donc?.. Et d'où vient ce trouble... cet effroi?

FRÉDÉRIC. Rien, rien... un triste souvenir!.. mais pour le chasser à jamais, pour me mettre bien vite sous les ailes d'un bon ange... ne perdez pas de temps, chère Lilia... allez faire votre toilette de noce... il me tarde de vous voir dans vos atours de mariée...

GOTH, à Lilia. Allons, venez, Mam'selle... c'est moi qui veux vous parer... Le voile blanc... la robe d'innocence... ça me connaît!..

PATERNICK. Je le crois bien!... un vétéran rosière!..

LILIA, à Frédéric entrant dans la chambre. A bientôt, Monseigneur... mon fiancé!..

FRÉDÉRIC, avec amour. A bientôt, ma Lilia! et puis à toujours!... (Tout le monde sort, excepté Frédéric et Hortensius.)

SCÈNE III.

FRÉDÉRIC, HORTENSIUS.

(La scène s'assombrit peu à peu.)

FRÉDÉRIC. Je voudrais que tout fût fini!... je voudrais être marié!.. Les tristes craintes de Lilia m'ont ému, troublé... malgré moi!..

HORTENSIUS. Idées de jeunes filles!.. qui ne peuvent atteindre des hommes forts et courageux... Et d'ailleurs, quand on a été repêché par des pirates... vendu comme un dromadaire...

FRÉDÉRIC. N'importe! ce nom terrible que vous avez évoqué tout à l'heure...

HORTENSIUS, tremblant. Moi l'évoquer... ô ciel!... mais si je pensais revoir jamais cet être dangereux... me retrouver face à face avec cet affreux lutin!..

FRÉDÉRIC, avec ironie. Vous trembleriez aussi, n'est-ce pas?.. tout fort et tout courageux que vous êtes!...

HORTENSIUS. Écoutez donc... le diable... c'est le diable!.. et rien qu'à l'idée de le voir paraître... (Jetant un cri d'effroi.) Ah! grand Dieu!..

FRÉDÉRIC, vivement. Quoi donc?.. Qu'avez-vous?..

HORTENSIUS, montrant la fenêtre basse. Il m'avait semblé voir... là... debout, près de cette fenêtre... un grand fantôme blanc!..

FRÉDÉRIC. Vous rêvez... (On entend le vent et la pluie.)

HORTENSIUS. Alors, j'ai le cauchemar... et puis... l'affreux temps qu'il fait dehors!.. le vent!.. la pluie!.. la grêle!.. une vilaine nuit de noces!..

FRÉDÉRIC, avec impatience. Comme Lilia tarde à venir!

HORTENSIUS. Il n'est pas encore minuit... Si fait, les voici qui sonnent à la vieille église du village... (Minuit sonne.)

FRÉDÉRIC. Je me sens saisi d'un froid douloureux... J'ai comme le pressentiment de quelque grand malheur!..

HORTENSIUS. Ne parlez donc pas ainsi... je crois que ça me gagne... Et mes pauvres jambes flageolent... flageolent comme les roseaux du lac, un jour d'orage... (A ce moment, un bruit lugubre se fait entendre. — Le rideau de tapisserie qui couvre la porte d'entrée se tire de lui-même.)

FRÉDÉRIC. Qu'est-ce que cela veut dire?

HORTENSIUS. Miséricorde!.. le rideau qui s'ouvre tout seul!.. et la porte qui fait comme le rideau!.. (La porte s'ouvre violemment, une clarté fantastique se répand dans la chambre, et une femme couverte d'un voile blanc paraît sur le seuil.)

FRÉDÉRIC. Qui vient donc ici, grand Dieu!

HORTENSIUS. Mon fan... fan... tôme blanc!.. Je ne rêvais pas.. et je meurs d'effroi!.. (L'ombre fait signe à Hortensius de sortir de la chambre. — Continuant:) Vous voulez que je m'en aille?.. Comment donc?.. avec grand plaisir!.. (Montrant Frédéric.) Pauvre jeune homme!.. quel tête-à-tête!.. c'en est fait de lui!.. (Il sort avec épouvante.)

SCÈNE IV.

FRÉDÉRIC, L'OMBRE, puis LILIA.

TRIO.

FRÉDÉRIC, à l'ombre avec terreur.
Que voulez-vous? parlez!
URIELLE, levant son voile.
Ne m'attendais-tu pas?
N'as-tu point entendu l'heure de ton trépas?
FRÉDÉRIC.
O ciel!
URIELLE, lui présentant le pacte.
J'apporte ici le traité qui te lie,
Qui me livre à la fois et ton âme ta vie!
FRÉDÉRIC, avec horreur.
Jamais!
URIELLE, continuant.
Les trente jours que je t'avais donnés
Sont finis... on t'appelle au séjour des damnés!
(Urielle étend la main vers Frédéric, qui glisse jusqu'à elle et qu'elle saisit pour l'entraîner, lorsque Lilia s'élance hors de la chambre, en habits de mariée.)
LILIA.
Qu'ai-je vu? Frédéric!.. où donc l'entraînez-vous?
URIELLE.
Dans l'enfer, qui l'attend...
LILIA.
Frédéric, mon époux!
URIELLE, d'un air de triomphe.
Ton époux m'appartient, et son âme est à nous!
(Montrant Frédéric.)

CHANT DE BRAVOURE.

L'enfer avec joie
Réclame sa proie;
Le ciel a maudit
L'âme qu'il vendit!
C'est une autre flamme
Qu'il faut à cette âme!
C'est une autre ardeur
Qu'il faut à son cœur!

ENSEMBLE.

FRÉDÉRIC.
L'enfer avec joie
Réclame sa proie;
Le ciel m'a maudit,
L'amour me perdit!
Ah! d'un pacte infâme
Faut-il que mon âme,
Au lieu du bonheur,
Subisse l'horreur!
LILIA.
L'enfer avec joie
Réclame sa proie;
Le ciel l'a maudit,
L'amour le punit!
Pitié pour mon âme!
Pitié pour sa flamme!
Pardonne, Seigneur,
Sa coupable erreur!
URIELLE.
L'enfer avec joie
Réclame sa proie;
Le ciel a maudit
L'âme qu'il vendit!
C'est une autre flamme
Qu'il faut à cette âme!
C'est une autre ardeur
Qu'il faut à son cœur!

FRÉDÉRIC, à Urielle, avec désespoir.
Mais que t'ai-je donc fait?..
URIELLE.
Il le demande, hélas!
FRÉDÉRIC.
Quels maux t'ai-je causés?
URIELLE.
Tu ne le vois donc pas?
(Avec expression.)
Tu ne vois pas que je t'adore!
Tu ne vois pas que dans mes yeux
Les larmes brillent plus encore
Que ne brillent de tendres feux!
Et, dans cette vie éphémère,
Qu'on me donna pour le servir,
Il n'a pas compris ma misère,
Il ne m'a jamais vu souffrir!
LILIA, à Urielle.
Vous l'aimiez?
URIELLE.
Je l'aimais de cet amour étrange
Qui d'un être maudit a fait bien plus qu'un ange!
FRÉDÉRIC, à Urielle.
Mais ton amour, moi, je le hais!
URIELLE.
Ah! ce mot seul éteint ma pitié pour jamais!..

REPRISE DE L'ENSEMBLE.

URIELLE.
L'enfer avec joie
Réclame sa proie;
Le ciel a maudit
L'âme qu'il vendit!
C'est une autre flamme
Qu'il faut à cette âme!
C'est une autre ardeur
Qu'il faut à son cœur!
FRÉDÉRIC.
L'enfer avec joie
Réclame sa proie;
Le ciel m'a maudit,
L'amour me perdit!
Ah! d'un pacte infâme
Faut-il que mon âme,
Au lieu du bonheur,
Subisse l'horreur!
LILIA.
L'enfer avec joie
Réclame sa proie;
Le ciel l'a maudit,
L'amour le perdit!
Pitié pour son âme!
Pitié pour sa flamme!
Pardonne, Seigneur,
Sa coupable erreur!
LILIA, suppliant Urielle.
Grâce!
URIELLE, montrant Frédéric.
Pour lui s'ouvre le gouffre
Où l'enfer va guider ses pas!
LILIA.
Pitié!
URIELLE.
Les démons n'en ont pas!
De mes tourments il faut qu'il souffre,
Et qu'il meure de mon trépas!
LILIA.
Tu l'aimais, et tu veux sa perte... C'est infâm
URIELLE.
Je veux vous séparer tous deux!
Loin de toi l'entraîner!
LILIA.
Eh bien! contre son âme,

Prends la mienne!

FRÉDÉRIC, à Lilia, avec horreur.

Tais-toi!

URIELLE.

Mon sort sera son sort!

FRÉDÉRIC.

Le ciel me défendra!

URIELLE, l'entraînant par une force surnaturelle.

L'enfer est le plus fort!

LILIA, jetant un cri d'effroi et les retenant.

Non, non!.. tu ne saurais nous séparer ici!

(Saisissant le poignard d'Urielle pour s'en frapper.)

En me donnant la mort, je me damne avec lui!

URIELLE, retenant le bras de Lilia.

Arrête!..

(Regardant Lilia avec admiration.)

O dévoûment sublime!
Ton cœur aime plus que le mien!
Sainte fille, qui par un crime
Veux unir ton destin au sien!

ENSEMBLE.

LILIA.

Oui, je l'adore, oui, le crime
Pour le suivre même n'est rien!
Que m'importe d'être victime
Si j'unis son destin au mien!

FRÉDÉRIC.

De l'amour dévoûment sublime,
Qui ne recule devant rien,
Et qui veut, même au prix d'un crime,
Que mon sort devienne le sien!

URIELLE, avec douleur.

Pour la première fois, je me sens une larme!
Larme d'amour, de repentir!..

FRÉDÉRIC ET LILIA.

Grand Dieu!

URIELLE, à Frédéric.

Pour la première fois, la douleur me désarme!
Et moi seule ici veut souffrir!

FRÉDÉRIC ET LILIA.

Qu'entends-je?.. à peine je respire!

URIELLE, à Lilia.

Va, sois heureuse sans retour!

FRÉDÉRIC, à Urielle.

Est-ce donc le ciel qui t'inspire!

URIELLE.

Ce n'est pas le ciel, c'est l'amour!

FRÉDÉRIC ET LILIA.

Il se pourrait!..

URIELLE, montrant le pacte infernal.

Ce pacte, c'est ma vie!

(L'approchant de la lampe.)

Il l'emporte en se consumant!
Pour vous deux, des enfers je brave la furie...
Ne me maudissez pas, car je meurs en aimant!

FRÉDÉRIC.

Urielle, sois bénie.

URIELLE, tombant à terre et s'affaissant peu à peu à mesure que le pacte brûle.

(Reprise du premier motif de chant.)

(A Frédéric.)

Adieu!.. pour mes douleurs...
Pitié! pardonnez-moi!.. je meurs!..

(Le pacte s'éteint et Urielle expire dans les bras de Frédéric courbé près d'elle.)

FRÉDÉRIC ET LILIA.

MOTIF DU DEUXIÈME ENSEMBLE.

O dévoûment tendre et sublime!
Pour sauver mon sort, c'est le sien
Qu'ici cette pauvre victime
Sacrifie au bonheur du mien!

(On entend la marche du mariage du deuxième acte.)

FRÉDÉRIC, à Lilia, indiquant la marche villageoise qui commence au loin.

Voici les chants d'hymen, nos amis vont venir!

LILIA, montrant Urielle.

Ne laissons pas ici pénétrer le plaisir!..
Mais sur l'ange déchu plaçons mon saint rosaire.
Afin d'apaiser l'Éternel!

FRÉDÉRIC, donnant son rosaire à Lilia qui le passe au cou d'Urielle.

Il m'a protégé sur la terre,
Qu'il la protége dans le ciel!

FRÉDÉRIC ET LILIA.

ENSEMBLE.

Il t'a / m'a protégé sur la terre,
Qu'il la protége dans le ciel!..

(Ils sortent tous deux en jetant un dernier regard sur Urielle. — Le théâtre change.)

HUITIÈME TABLEAU.

Le palais infernal de Belzébuth.

SCÈNE PREMIÈRE.

BELZÉBUTH, debout au milieu des flammes d'où s'échappe une bande furieuse de démons.

CHŒUR DE DÉMONS, se précipitant autour d'Urielle.

Vengeance! vengeance!
Pour qui nous trahit!
L'infernale engeance
Ici te maudit!..
Tu trompas le maître,
Tu nous trompas tous,
Et tu vas connaître
Notre ardent courroux!

BELZÉBUTH, s'avançant vers Urielle.

Maudite, je connais ta faiblesse et ton crime!
Démons! emparez-vous ici de la victime!

URIELLE, qui a rouvert les yeux à la voix de Belzébuth.

Je suis perdue!..

(Jetant un cri de joie en voyant le rosaire.)

O ciel! ce gage saint sur moi,
Dieu tout-puissant, en toi j'ai foi!..

LE CHŒUR DES DÉMONS recommence en entourant Urielle.

Vengeance! vengeance!
Pour qui nous trahit!
L'infernale engeance,

Ici le maudit!
Tu trompas le maître,
Tu nous trompas tous!
Et tu vas connaître
Notre ardent courroux!

(Mais Urielle, leur présentant le rosaire, les force à reculer devant elle, et gagne ainsi la base d'une roche élevée sur le sommet de laquelle on aperçoit un ange les ailes déployées. — Urielle, toujours son rosaire à la main, est attirée vers l'ange qui lui tend les bras. — Pendant ce temps on entend le chœur céleste suivant.)

Du haut des cieux,
Dieu qui pardonne,
Selon nos vœux,
Ici te donne
Au saint séjour,
Pauvre mortelle,
Paix éternelle,
Divin amour!

(Les démons tombent écrasés au pied de la roche. — Belzébuth lui-même courbe la tête devant le protecteur divin d'Urielle réhabilitée.)

NEUVIÈME TABLEAU.

A ce moment les nuages du fond se dissipent, et l'on voit la chapelle du second acte brillamment éclairée. — Frédéric et Lilia sont agenouillés devant l'autel, où le prêtre les unit.

FIN.

LAGNY. — Imprimerie de VIALAT.

EN VENTE CHEZ LE MÊME ÉDITEUR.

[illegible]

Un Ange [illegible] — 60
Un Jeu de [illegible] — 60
[illegible] — 60
L'Enfer d'Octavie. — 60
L'Océan de [illegible] — 60
Paris à tous les Diables. — 60
Une Averse. — 60
Madame de Cérigny. — 60
La Fiance et la Péruvienne. — 60
Morale en action. — 60
Liberté Liberté. — 60
L'Île du prince Toutou. — 60
Henri Prévôt. — 60
L'Article 213. — 60
Les Vampires. — 60
Les deux Fiancés. — 60
Seigneur des Broussailles. — 60
Deux Trembleurs. — 60
Comment la Connaître. — 60
L'Amour dans tous les Quartiers de Paris. — 60
Madame Bergerin. — 60
Petit Poucet. — 1
Comédies. — 60
Troisième volume de la Reine. — 60
La Lampe. — 60
Une Voix. — 60
Agnès Denise. — 60
Amours de M. et Mme Denis. — 60
Porthos. — 60
La Pêche aux Beaux-Pères. — 60
Révolte des Marquises. — 60
Le Troisième Mari. — 60
Un premier Séjour de Louis XV. — 60
L'Homme à la Mode. — 60
Une Confidence. — 60
Le Médecin. — 60
L'Almanach des 25,000 Adresses. — 60
Une Histoire de Voleurs. — 60
Les Murs ont des Oreilles. — 60
L'Enseignement Mutuel. — 60
La Charbonnière. — 60
Le Code des Femmes. — 60
Un Amende des Prétendants. — 60
Le Pot aux Roses. — 60
Les Grandes Misères et les Petites Bontés. — 60
L'Enfant de la Maison. — 60
Riche d'Amour. — 1
La Comtesse de Mégranges. — 60
L'Amazone. — 60
La Gloire et le Pot-au-Feu. — 60
Les Femmes de [illegible] — 60
Le Marchand de Marrons. — 60
Voilà ce qui vient de paraître. — 60
La Loi salique. — 60
Rouge et Noir. — 60
L'Eau et le Feu. — 60
[illegible] — 60
Mardi Gras. — 60
Le Retour du Conscrit. — 60
[illegible] — 60
Bien de l'Opéra à Paris. — 60
La Coiffure de Saint-Mandé. — 60
Comédies. — 60
Mademoiselle ma Femme. — 60
Mal du Pays. — 60
Mort civilement. — 60
Gardes-Malades. — 60
Fruit défendu. — 60
Un Coup de Canif. — 60
Nouvelles Clarisse Harlowe. — 60
Père Vertueux. — 60
Nicolas Poulet. — 60
Roch et Luc. — 60
La Prudence sans le savoir. — 60
Une Fille terrible. — 60
La Plaisir à Paris. — 60
L'Homme qui se cherche. — 60
Maître Jean. — 60
Ne touchez pas à la Reine. — 60
Une Année à Paris. — 60
Irène ou le Magnétisme. — 60
Amour et Bâtiments. — 60
La Corbeille. — 60
Bal et Restaurants. — 60
Un Bouillon [illegible] — 60
Coeur de Bohémiens. — 60
D'Arcole. — 60
Femme qui se jette par la fenêtre. — 60

Auguste Préfontaine. — 60
Trois Paysans. — 60
Chasse aux Jobards. — 60
Mademoiselle Grabutot. — 60
Père d'occasion. — 60
Compagnie. — 60
Bourgeois et Chaînes. — 60
Le Chevalier de Saint-Remy. — 60
Mademoiselle encore un Règne. — 60
Un Vieux de jeunes [illegible] — 60
Souvenir contre l'Incendie. — 60
Chapeau Gris. — 60
Sans Roi. — 60
Le Spectre de Luxembourg. — 60
Madame Bergerin. — 60
La Folle [illegible] — 60
Fantaisie. — 60
Deux Loups de Mer. — 60
Bébé. — 60
La Croisade de Berthe. — 60
La Pêcheuse à Kent. — 60
Les Charpentiers. — 60
Mademoiselle Fortunée. — 60
Un Cheveu blond. — 60
Les Impressions de Ménage. — 60
L'Homme aux 160 Millions. — 60
Pascal Pentleman. — 60
Le Roi s'ennuie. — 60
Nos Soldats [illegible] — 60
[illegible] ou la Mort! — 60
[illegible] Hommes. — 60
L'Enfant du quartier. — 60
Les Chapeaux [illegible] — 60
Marthe ou la Secousse. — 1
L'Art de ne pas donner d'Étrennes. — 60
Le Poil. — 1
La Femme de Cartes. — 60
La Nuit de Noël. — 1
L'Héritage de Cordillac. — 60
La Rose de Provins. — 60
Les Bohémiens de 1848. — 60
34 Francs! ou rien! — 60
La Fille du Marché. — 60
Les deux Pommades. — 60
La Femme [illegible] — 60
Les [illegible] de la Liberté. — 60
Mercredi Bellemonce. — 60
Don Quichotte. — 60
L'Anglomanie de Pontoise. — 60
Ah! Enfin! — 60
La Marquise d'Aubray. — 60
Le Gentilhomme campagnard. — 60
Les Pauvres. — 60
Le Chevalier de Maudemain. — 60
Le Gentilhomme de 1847. — 60
La Rue Quincampoix. — 60
L'Âge de sa Tante. — 60
La République de Platon. — 60
Le Club des Maris. — 60
Oscar XXVIII. — 60
Une Chaîne Anglaise. — 60
Un Petit de la Mobile. — 60
Madame de [illegible] — 60
Les vingt sous de Périnette. — 60
Le Sergent de la Fontaine. — 60
Agénor le Dangereux. — 60
Roger Bontemps. — 60
L'Île de la Saint-Martin. — 60
Jeanne la Folle. — 60
Les suites d'un Feu d'Artifice. — 60
O Amitié! ou les trois Époques. — 60
La Propriété c'est le Vol. — 60
La Poule aux Œufs d'Or. — 60
Élevé [illegible] — 60
La Ménagerie de Gondoles. — 60
A bas la Famille, ou les Banquets. — 60
Daniel. — 1
La Voyage de Kernoëlle. — 60
Roland à la Cour. — 60
Le Baron de Castel-Sarrazin. — 60
Madame Marneffe. — 60
Un Garde aux Épinards. — 60
Madame veuve Larose. — 60
La Reine d'Yvetot. — 60
Les Manchettes d'un Vilain. — 60
Le Duel aux Mauviettes. — 60
Les Filles du Docteur. — 60
Un Turc pris dans une porte. — 60
Les Grenouilles qui demandent un Roi. — 60

Ce qui manque aux Grisettes. — 60
La Poésie des Amours et... — 60
Les Vieilles de la Reine-d'Or. — 60
Un Troupier dans les Confitures. — 60
Ma Tabatière. — 60
Grazioso. — 60
E. H. — 60
François-la-Bella. — 60
Un Vendredi. — 60
Le 5 hor de Rei. — 60
Rebecca. — 60
Adrienne Lecouvreur. — 1
Sous le Voyante. — 60
Les Femmes [illegible] — 60
Le Moulin de [illegible] — 60
Les Beautés de la Cour. — 60
La Foquille. — 60
L'Hortensia. — 60
Un Cheveu pour deux têtes. — 60
L'Âne à Baptiste. — 60
Les Prodigalités de Bernerette. — 60
Les Bourgeois des Métiers. — 60
La Caisse de Mousquetaires. — 60
Les Faubourgs de Paris. — 60
La Montagne qui accouche. — 60
Le Juif-Errant. — 60
Adrienne de Carteville. — 60
Un Secrétaire du Province. — 60
Le Marin de la Garde. — 60
Une Femme qui a une jambe de bois. — 60
Henriette. — 60
Une Seconde à Londres. — 60
Le Confiance de son propriétaire. — 60
Le Marquis de Carabas. — 60
La Ligue des Amants. — 60
Les Sept Billets. — 60
Pommes de terre [illegible] — 60
Les Cascades de Saint-Cloud. — 60
Lorette et Aristos. — 60
Les Conspirateurs. — 60
Un Tigre de Bengale. — 60
Le Congrès de la Paix. — 60
Les Représentants en vacances. — 60
Les Grands Écoliers en vacances. — 60
Un Intérieur comme il y en a tant! — 60
Le Moulin Joli. — 60
Le Bras de l'Homme-Armé. — 60
La Fée aux Roses. — 60
Babel. — 60
Un Lièvre en voyage. — 60
Les Jeux. — 60
Trouvaille. — 60
Mademoiselle Carillon. — 60
L'Héritier du Czar. — 60
Blanc. — 60
Les Associés. — 60
Les Fredaines de Troussard. — 60
Les Partageux. — 60
Daphnis et Chloé. — 60
Haydée. — 60
La fin d'une République. — 60
La Croix de Saint-Jacques. — 60
Paris sans impôts. — 60
Un Quinze-Vingt. — 60
Les Gardes françaises. — 60
Les Vignes du Seigneur. — 60
La Perle des Servantes. — 60
Un ami malheureux. — 60
Un de perdu, une de retrouvée. — 60
La République des Lettres. — 60
Figaro en prison. — 60
La Dame de Trèfle. — 60
La Vie brûlée. — 60
Les Secrets du Diable. — 60
Deux vieux Papillons. — 60
La Mariée de Poissy. — 60
L'Homme aux Souris. — 60
Le Bonheur de l'Enfer. — 60
Planète et Satellites. — 60
Héloïse et Abeilard. — 60
Une Veuve inconsolable. — 60
A la Bastille. — 1
Jean Bart. — 60
Les Papillons de dame Charlotte. — 60
Le Jeune de Charité. — 60
Un Fronton. — 60
Les Reins du Roi. — 60

SUITE DU CATALOGUE.

Les trois Racan. 60
Les Sociétés secrètes. 60
Le Chevalier de Servigny. 60
C'en était un. 60
Les trois Dondon. 60
Géralda. 1 »
La première Chanson de Gallet 60
Méphistophélès. 60
L'Alchimiste. 60
Le père Nourricier. 60
La Société du Doigt dans l'Œil. 60
L'Héroïne de Saint-Eloy. 60
La Fille bien gardée. 60
Le Jour et la Nuit. 60
Plaisir et Charité. 60
Marié ou second Garçon au cinquième. 60
Un Bal en robe de chambre 60
Ne Coiffé. 60
Le Ménage de Rigolette. 60
Le Pont Cassé 60
Un Valet sans Livrée. 60
Le Paysan. 60
Charles le Téméraire. 60
L'Anneau de Salomon. 60
Supplice de Tantale. 1 »
Les Infidélités Conjugales. 60
Les Petits Moyens. 60
Les Escargots sympathiques. 60
La Grenouille du Régiment 60
Les Tentations d'Antoinette. 60
La baronne Bergamotte. 60
Les Extases de M. Hochenez. 60
Le Journal pour rire. 60
Le Renard et les Raisins. 60
La Belle au Bois dormant. 60
Le Conte aux Pommes d'Or. 60
Christian et Marguerite. 60
L'Avocat Loubet. 60
Royal-Tambour. 60
Mam'zelle fait ses dents. 60
Le vol à la Roulade. 60
La Fée Carotte. 60
Mon ami Sabolin. 60
Le Palais de Cristal. 60
Passiflor et Cactus. 60
Le Duel au Bosquet. 60
Les Trois Âges des Variétés. 60
English Exhibition. 60
Histoire d'une Rose et d'un Croquemort. 60
L'Agent secret. 60
Drinn-Drinn. 60
Une Paire de Pères. 60
Les Giboulées. 60
Un Monsieur qui n'a pas d'habit. 60
Mignon. 60
La Chasse aux Grisettes. 60
La Veuve à la Fraise. 60
Les deux Prud'hommes. 60
Ma Barbe-Bleue. 60
Une Queue Rouge. 60
Le Pour et le Contre. 60
Le Puits mitoyen. 60
Trois Amours de Pompiers. 60
Les Bloomeristes ou la réforme des Jupons 60
Le Laquais d'un nègre. 60
Les Danseuses espagnoles. 60
Madame Schlick. 60
Le Prince Ajax. 60
Les Enfants de la Balle. 60
L'Ami de la maison. 60
La Marquise de La Bretèche. 60
Une Veuve de 15 ans. 60
Une pension à la Vanille. 60
Un service à Blanchard. 60
L'Original et la Copie. 60
Une rivière dans le dos. 60
3 Gaillards dont 2 Gaillardes. 60

Un Frère terrible. 60
Une Vengeance. 60
Une petite fille de la Grande Armée. 60
La Fille d'Hoffmann. 60
Un soufflet n'est jamais perdu. 60
Les Femmes de Gavarni 1 »
La Maîtresse d'été et la Maîtresse d'hiver. 60
Les Tribulations du mari. 60
Les Néréides et les Cyclopes. 60
Poste restante. 60
Le Portier de sa Maison. 60
Les Compagnons d'Ulysse. 60
Le Roi des Drôles. 60
La Mère Moreau. 60
La Queue du Diable. 60
Le Bal de la Halle. 60
Méridien. 60
La première Maîtresse. 60
La Jolie Meunière. 60
La tante Ursule. 60
Mademoiselle de Navailles. 60
Prunes et Chinois. 60
Histoire d'une Femme mariée. 60
Les Mystères d'Udolphe. 1 »
Une Poule Mouillée. 60
Sullivan. 1 »
Taconnet. 60
Alice ou l'Ange du Foyer. 60
Marco Spada. 1 »
Taborin. 60
Les Abeilles et les Violettes. 60
Le Lutin de la Vallée. 60
Le Baromètre des Amours. 60
Habitez donc votre immeuble! 60
Le Miroir. 60
Richelieu. 1 »
On dira des bêtises. 60
Le Carnaval des Maris. 60
Un Festival. 60
Une jolie jambe. 60
Le Voyage d'une Épingle. 60
Les Amours du Diable. 60
Les Postillons de Fouqueroux. 60
Les Orientales. 60
L'amour, qu'qu'c'est qu'ça? 60
La Vie à bon marché. 60
L'ombre d'Argentine. 60
Faute de mieux. 60
Cadet-Roussel, Dumollet, Gribouille et Cie. 60
Fraîchement décorée. 60
Sir John Esbrouff. 60
Les Aides de camp du Général. 60
La Bataille de la vie. 60
Méfiez-vous de vos affaires. 60
Les Moustaches grises. 60
Les Vins de France. 60
La Dame aux Œillets blancs. 60
Les Trois Gamins. 60
La Peine du Talion. 60
Le Mari par régime. 60
Un Cerveau fêlé. 60
La Queue de la Comète. 60
Sur Terre et sur Mer. 60
Mon Étoile. 60
Un Fils mort à lui. 60
Mesdames les Pirates. 60
La Fille invisible. 60
Un Père de famille. 60
À la recherche d'un Million. 60
Une Rencontre dans le Danube 60
La Femme à trois Maris. 60
Le dernier des Mohicans. 60
Bertrand l'est Raton. 60
Les Contes de la Mère l'Oie. 60
L'Antichambre en Amour. 60
La Fiancée du Diable. 60
En trois Visites. 60
Canuchet ou le Chien de la Chaumière. 60

L'Automne d'un Farceur. 60
Un Provincial qui se forme. 60
La Danseuse espagnole. 60
Un Spahi 60
La Fille Mousquetaire. 60
Le Fauconnier. 60
La Dette et le Dot 60
La Nonne sanglante. 1 »
Une Sangsue. 60
M. Beauvelet. 60
Allez-vous-en gens de la noce. 60
Un Homme sur le gril. 60
Le Cabaret du Pot-Cassé. 60
La Ligne droite. 1 »
Histoire d'un Sou. 60
Mademoiselle Aimé. 60
Les Binettes contemporaines. 60
Le Diable. 60
Les deux Épagneuls 60
La Femme d'un grand Homme. 1 »
Jacqueline Doucette. 60
Le Gendre de M. Caboche. 60
Les Exploits de César 60
L'Auberge du Lapin Blanc. 60
Ah! quel p'aisir d'être Garçon! 60
M. Beaumignon. 60
L'Art de déplaire. 60
Joli mois de Mai. 60
L'Hiver d'un Homme marié. 60
Le Palais de Liberty. 60
Trois pour un Secret. 60
L'École des Épiciers. 60
Une nuit à Séville. 60
Rose et Narcisse. 60
Les Représailles. 60
Un Mari dans les nuages. 60
L'Amour et le Temps. 60
Le Rat de ville et le Rat des champs. 60
Madame Roger Bontemps. 60
La Femme doit obéissance à son Mari. 60
Les coups de Canon. 60
Donnez-moi la Paix. 60
Un Monsieur comme il faut. 60
Le Professeur des Cuisinières. 60
Estelle et Némorin. 60
Deux vieilles Gardes. 60
Les Métamorphoses de Chamoiseau. 60
Un Bonheur sans nuages. 60
Riche de cœur. 60
La Sarabande du Cardinal. 60
Les Dragées du baptême. 60
À deux de jeu. 60
Un Faiseur refait. 60
Satania. 60
Le Nid d'amour. 60
Le Nord et le Midi. 60
Un Vers de Virgile. 1 »
L'Orgue de Barbarie. 60
Déménagiers en voyage. 60
Casse-Cou. 60
La Loge. 1 »
Le Bureau des Objets perdus. 60
Les Dames Capitaines. 1 »
Le Poignard de Léonora. 60
L'Invitation à la Valse. 1 »
Le Coploto. 60
La Ville des Abeilles. 60
Le Pot de Fer et le Pot de Terre. 60
Au Clair de la Lune. 60
Pompons! 60
L'Amour et Psyché 60
Une vie de Polichinelle. 60
Péché caché. 1 »
Marcassin ou le Roi du mari de ma Femme. 60
La Chasse aux Biches. 60
Une Gaîeté en v'là. 1 »
À qui la mèche? 60

Les Amoureux de Claudine. 60
Le mieux est l'ennemi du bien. 60
La Mousmée du Japon. 60
Mademoiselle mon Frère. 60
Macaroni d'Italie 60
Les Talismans de Brésine. 60
Simone. 60
Mademoiselle Chaîn 1 »
Un Duo de Copeaux. 60
La Nuit r....... 1 »
Monsieur Acheté. 1 »
M. et Madame Robinson. 60
La dette de Jacquot. 60
L'Autographe. 1 »
Faust et Framboisy. 60
En revenant de Pondichéry. 60
Fradiavolina. 60
Le Royaume des Poètes 60

Lagny. — Imprimerie de Vialat.

A
B

www.ingramcontent.com/pod-product-compliance
Lightning Source LLC
Chambersburg PA
CBHW060719050426
42451CB00010B/1530

* 9 7 8 2 0 1 2 7 3 0 9 4 6 *